L'AMI
DE
LA VERITÉ,
O U
LETTRES IMPARTIALES,

Semées d'Anecdotes curieuses, sur toutes les Piéces de Théâtre de M. de Voltaire.

Par l'Auteur de l'Essai Historique & Philosophique sur les principaux Ridicules des différentes Nations.

Garçon Dourxigné.

A AMSTERDAM,

Et se vend à Paris,

Chez
{
JORRY, rue de la Comédie, aux deux Cigognes.
GUEFFIER, au bas de la rue de Harpe, à la Liberté.
DELALAIN, rue S. Jacques.
}

M. D. C C. L X V I I.

A MESSIEURS

**LES MUNITIONNAIRES GÉ-
NÉRAUX des Vivres de Flandre &
d'Allemagne, & des Armées du Roi,
pendant la derniére Guerre.**

MESSIEURS,

L'honneur que j'ai eu de vous être at-
taché pendant dix années, la protection
que vous m'avez accordée, & la reconnaissance que je dois à vos bontés, sont
autant de titres qui semblent m'autoriser
à prendre la liberté de vous dédier cette
production : elle a pour objet une matiere
dont chaque Article peut-être a déjà été
traité séparément : mais personne ne les
avoit encore réunis tous ensemble ; & j'ai
crû que cet assemblage pourroit former

une brochure agréable. En effet, tout ce qui concerne un Ecrivain aussi célebre que M. de Voltaire, peut-il ne pas être généralement intéressant ? Il eût fallu, sans doute, que cet assemblage, pour mériter de paraître sous vos auspices, eût été l'Ouvrage d'une plume plus habile que la mienne. Je sais, MESSIEURS, jusqu'où s'étendent vos lumieres en plus d'un genre ; que vous joignez les qualités de l'esprit à celles du cœur, & que les connaissances, même Littéraires, ne vous sont pas plus étrangeres, que celles qu'exigent les travaux bien plus importans qui ont fait éclater, si noblement, & la supériorité de vos talens & votre zèle patriotique. l'écrit que je vous présente a des défauts qui n'échapperont certainement pas à des yeux aussi éclairés que les vôtres ; mais je me flatte que vous voudrez bien les excuser, en faveur des efforts que j'ai faits pour le rendre digne de vous être offert. J'ose donc compter sur votre indulgence ainsi que sur celle des Lecteurs : quel que soit, d'ailleurs, le succès de mon travail, je m'en croirai assez récompensé par l'avantage qu'il me procure de vous consacrer un témoignage public des sentimens de reconnaissance que vo-

tre générosité m'a inspirés ; ils sont aussi sincéres que ceux du zèle ardent & de
l'attachement respectueux avec lesquels je
ne cesserai jamais d'être,

MESSIEURS,

Votre très-humble & très-
obéissant Serviteur,
GAZON DOURXIGNÉ,
Ancien Employé au Bu-
reau général des Vivres.

A Paris, le 10
Décembre 1766.

TABLE

DES LETTRES

Sur les Piéces de Théâtre de M. de
VOLTAIRE.

Fin de la Table.

L'AMI DE LA VÉRITÉ,

O U

LETTRES IMPARTIALES ;

SUR toutes les Piéces de Théâtre
de M. de VOLTAIRE.

PREMIERE LETTRE.

A M. DE L.***.

Sur la Tragédie d'Œdipe.

L'HISTOIRE seule de cette Piéce suffit, Monsieur, pour faire voir dans *M. de Voltaire*, un homme d'un génie supérieur, & d'un goût déjà décidé, dans l'âge où communément on n'a encore que de l'esprit. L'Œdipe de *Corneille* avoit alors quelque succès : les yeux du jeune Auteur ne furent point éblouis de l'éclat d'un si grand nom : il vit les défauts de cet Ouvrage ; &

A

la feule comparaifon de la Tragédie Grecque avec la Françaife, lui fit juger qu'on pouvoit traiter ce fujet beaucoup mieux que ne l'avoit fait *Corneille*, Outre une grande réputation à braver, M. *de Voltaire* eut à combattre les préjugés de fa Nation ; encore eût-il mieux fait, pour l'intérêt de notre plaifir, de les combattre davantage : c'eft, en les méprifant, qu'il a fait une des plus belles Piéces, & furtout le plus beau quatriéme acte qui foit peut-être au Théâtre ; c'eft en s'y prêtant, qu'il a un peu défiguré ce bel ouvrage par l'inutile amour de *Jocafte* & de *Philoctete*. Des Critiques jaloux ont ofé ne pas attribuer ce défaut à la condefcendance de l'Auteur ; & ne voyant dans *Philoctéte* que deux actes de rempliffage, ils ont accufé le Poëte de peu d'invention. Il eft vrai que ce rôle eft tout épifodique, & paraît imité du Créon Grec, quant au foupçon du meurtre de *Laïus*, & quant à fon amour, du *Sevére* de *Polieucte* ; qu'il occafionne un fecond acte, où l'intérêt n'augmente point ; & toutes les fois que l'intérêt n'augmente point, (felon M. *de Voltaire* même) il fe refroidit & diminue : mais M. *de Voltaire* s'eft bien juftifié

depuis, de cet injuſte reproche de ſtéri-
lité. Je dis plus ; le rôle de *Philoctéte* eſt
rempli de tant de beautés, qu'on re-
gretteroit preſque de voir retrancher de
la Piéce un défaut ſi brillant ; & l'on
peut dire de l'Auteur, en cette occaſion :

Si non erraſſet, fecerat ille minùs.

Je ne prétends pourtant pas, Monſieur, ne faire abſolument autre choſe
que *jurare in verba Magiſtri* ; & l'admiration & le reſpect que m'inſpire ce
grand homme, ne m'empêcheront pas
de hazarder ſur ſes immortels ouvrages, quelques legéres remarques.

Sans vouloir donc examiner davantage le fond du perſonnage de *Philoctéte*, ſur l'inutilité duquel tout le monde eſt d'accord ; on dit, en parlant de
lui au ſecond acte :

Même il étoit dans Thébe en ces tems
malheureux,
Que le Ciel a marqués d'un parricide
affreux.

Cependant *Philoctéte*, dans la premiere ſcène de la Piéce, a appris avec
étonnement la mort de *Laïus* ; or eſt-
il vraiſemblable que cet amant paſſion-

né, pour demander des nouvelles de *Laïus*, ait attendu qu'il fût à Thébes, & qu'il n'ait appris, que dans cette Ville, qu'*Œdipe* étoit sur le trône? Après tout, quelle exposition de Piéce n'est pas toujours un peu vicieuse? On peut bien passer au coup d'essai de M. *de Voltaire*, une faute aussi commune, & que *Corneille* & *Racine* ont si rarement évitée.

Je trouve trop le Poëte dans un des vers de l'imprécation d'*Œdipe* contre l'assassin de *Laïus*, imprécation qui est d'ailleurs admirable.

> Qu'en horreur à ses fils, execrable à
> sa mere, &c.

Œdipe savoit-il que le coupable n'avoit justement que *des fils & une mere*? C'est précisément la situation dans laquelle il va se trouver; c'est enfin l'Auteur seul qui parle dans ce Vers.

Œdipe dit, au quatriéme acte:

> Au nom du grand Laïus & du cou-
> roux céleste,
> Quand Laïus entreprit ce voyag: fu-
> neste, &c.

Un horrible sang - froid ne seroit-il pas mieux en cet endroit? Qu'étoit-il befoin de ce nombreux Avant-Propos ?

Au nom du grand Laïus, &c.

On pourroit s'imaginer que c eVers n'eft-là que pour la rime, fi M. *de Voltaire* n'étoit pas au-deffus d'un fi ridicule foupçon.

Mais lorfque *Jocafte* dit à *Œdipe*, dans la même Scène :

>   .... Si j'ofe, Seigneur, dire ce que
>   j'en penfe.
>   *Laïus* eut avec vous un peu de reffem-
>   blance ;
>   Et je m'applaudiffois de retrouver en
>   vous,
>   Ainfi que les vertus, les traits de mon
>   Epoux.

Ne trouvez-vous pas, comme moi, Monfieur, qu'il y a dans ces beaux Vers une adreffe infinie ?

Puifque M. *de Voltaire* a imité *Séné-que* en quelques endroits, n'auroit-il pas dû l'imiter auffi dans la maniére dont l'*Œdipe* de la Piéce Latine apprend qu'il n'eft pas fils de *Polibe* ? L'Auteur Français femble ne faire venir *Icare* que pour lui apprendre cela ; c'eft le but de fon voyage. Dans *Séné-que*, *Œdipe* me paraît en être informé bien plus adroitement. Le Corinthien ne vient pas exprès : c'est une confidence qu'il fait à *Œdipe*, & qui est amenée par la Scène même.

On a raisonné aussi beaucoup sur le sujet de la Piéce. *Œdipe*, ont dit ces Censeurs que le vrai mérite aigrit, ne sauroit intéresser ; il n'est point criminel ; c'est son destin qui le force, & il est malheureux, sans l'avoir mérité. Pour moi, je vous avouerai, Monsieur, que je suis d'un sentiment bien contraire à celui de ces Censeurs : car, en supposant qu'un homme injustement malheureux ne pût intéresser, *Œdipe* l'est-il injustement ? Et le meurtre de *Laïus*, quoiqu'il ne le connût ni pour son pere ni pour un Roi, n'est-il pas toujours un crime ? Mais que sert de répondre à des gens qui ne critiqueroient pas une Piéce, s'ils ne la sentoient bonne ? Leur censure même n'est qu'un garant de plus des suffrages du Public.

Ce n'est point un pareil esprit de critique qui m'a dicté les petites observations que je viens de faire sur ce premier Ouvrage Dramatique de M. *de Voltaire* : en y remarquant quelques taches, je n'en ai pas moins de satis-

faction à le juftifier contre fes ennemis.
Il n'avoit pas befoin de ma juftification :
fa Tragédie eft excellente par le fujet,
l'un des plus pathétiques & des plus
tragiques qui foient au Théâtre : elle
l'eft auffi, à peu de chofe près, par la
conduite ; & plus encore par l'éloquence des détails, pleine de penfées neuves, faillantes, naturelles, fublimes,
& de beaux Vers enfin de la force de
ceux que dit *Œdipe*, quand il a reconnu tous fes crimes :

Le voilà donc rempli cet oracle exé-
    crable,
Dont ma crainte a preffé l'effet iné-
    vitable ;
Et je me trouve enfin par un mê-
    lange affreux,
Incefte, parricide, & pourtant vertueux
Miférable vertu, nom ftérile & funefte,
Toi, par qui j'ai réglé des jours que
    je détefte,
A mon noir afcendant tu n'as pu ré-
    fifter :
Je tombois dans le piége, en voulant
    l'éviter.
Un Dieu plus fort que moi m'entraî-
    noit dans le crime ;
Sous mes pas fugitifs il creufoit un
    abîme ;
Et j'étois, malgré moi, dans mon aveu-
    glement,

D'un pouvoir inconnu l'esclave &
l'instrument.

Il dit ailleurs, en apprenant la mort
de *Polibe* dont il se croyoit le fils,
& se félicitant de n'en avoir pas été
l'assassin, comme l'Oracle le lui avoit
prédit :

> O Ciel ! & quel est donc l'excès de
> ma misére,
> Si le trépas des miens me devient né-
> cessaire ;
> Si trouvant dans leur perte un bon-
> heur odieux,
> Pour moi la mort d'un pere est un bien-
> fait des Dieux ?

Phorbas sortant des fers & amené
devant *Œdipe*, après avoir reconnu ce
Roi pour le meurtrier de *Laïus*, lui dit :

> Vous avez fait le crime, & j'en fus
> soupçonné :
> J'ai vécu dans les fers, & vous avez
> regné.

Mais, pour citer tous les beaux Vers de
cette Piéce, il faudroit l'écrire toute
entiére.

J'ai déjà dit que le quatriéme acte
de cette Tragédie étoit un chef-d'œuvre : j'ajoute encore, pour en faire un
éloge complet, que c'est le chef-d'œu-

vré de M. *de Voltaire.* Enfin, l'on peut dire que cet Ouvrage donna de lui toutes les espérances qu'il a si bien remplies ; & que s'annoncer par *Œdipe,* c'étoit non-seulement promettre, mais donner déjà même à *Corneille* & à *Racine* un rival digne d'eux.

Au reste, tout le monde sait que M. *de Voltaire* n'avoit pas vingt ans, lorsqu'il produisit cette Piéce au Théâtre. Son succès fut si brillant, que M. le Maréchal de *Villars* lui dit, en sortant d'une des représentations, *que la Nation lui avoit bien de l'obligation de ce qu'il lui consacroit ainsi ses veilles. Elle m'en auroit bien davantage, Monseigneur,* lui répondit vivement le jeune Poëte, *si je savois écrire comme vous savez parler & agir.* Au sortir d'une autre représentation, un homme de la Cour qui donnoit la main à une Dame tout-à-fait attendrie, dit à l'Auteur : *Voici deux beaux yeux auxquels vous venez de faire répandre bien des larmes. Ils s'en vangeront sur bien d'autres,* lui répliqua M. *de Voltaire.*

Je suis, Monsieur, &c.

LETTRE II.

Sur la Tragédie d'Hérode & Mariamne.

ON trouve, à la tête de cette Piéce, Monsieur, une Préface excellente fur la néceffité d'une bonne verfification dans les Poëmes Dramatiques : l'Auteur dit même qu'elle eft un de leurs principaux mérites. Il rend, fans doute, hommage à la vérité ; mais on pourroit le foupçonner un peu d'intérêt perfonnel, puifqu'effectivement le principal mérite de la Tragédie de *Mariamne* eft celui du ftyle. Ce n'eft pas que je prétende faire tort à beaucoup d'autres beautés. Si j'avois cette penfée, elle feroit bien démentie par la lecture de plufieurs Scènes admirables & bien faites : telles font, par exemple, toutes les Scènes du troifiéme acte, depuis l'entrée d'*Hérode*, fur le Théâtre ; la quatriéme de l'acte fuivant entre le Roi & fon Epoufe, & le dernier acte tout entier. Ce dernier acte eft rempli de chaleur & d'action : cette Tragédie n'eft donc pas, comme le di-

ſoit défunt la *Motte Houdart*, un ca-
davre couvert de perles.

La ſeconde partie de la Préface eſt
la juſtification du ſujet de la Piéce :
quelques Critiques ont prétendu, que
ce n'étoit autre choſe qu'un *vieux mari
amoureux & brutal, à qui ſa femme re-
fuſe avec aigreur le devoir conjugal.* Voilà, ſans doute, l'idée qu'il falloit ſaiſir
pour parodier cette Piéce ; mais ce n'eſt
point là du tout ſon vrai ſujet ; & M. *de
Voltaire* le juſtifie très heureuſement &
moins en partiſan de ſon Ouvrage,
qu'en Auteur qui connaît le Théâtre.

Il dit encore, dans cette Préface :
qu'*il ne fera point une Critique détail-
lée de la Piéce ; que les Lecteurs la feront
aſſez ſans lui.* En effet, en la liſant,
je n'ai pû m'empêcher de faire quelques obſervations.

1°. N'y auroit-il pas une duplicité
de péril ? *Salome* a conſpiré la mort
de *Mariamne.* L'infortunée Reine eſt
ſur le point de périr. *Varus* découvre
ces affreux projets, & les fait avorter,
en faiſant arrêter *Zarès* qui devoit
être le meurtrier, & le renvoyant à
Hérode : Voilà *Mariamne* ſortie d'un
danger pour retomber dans un autre au quatriéme acte. Il eſt vrai que

c'eſt par la vivacité de *Varus* à défendre la Reine , que *Salome* ſoupçonne
ſon amour ; mais j'aurois voulu d'autres moyens que celui-là qu'on peut
regarder comme un défaut.

2°. Je penſe que la déclaration d'a-
mour de *Varus* à *Mariamne* eſt un peu
trop bruſque , trop obſcure , & vient à
propos de rien. D'ailleurs, *Varus*, après
l'avoir faite , écoute les reproches de
Mariamne avec trop de froideur. En
un mot , cette Scène me paraît être un
peu manquée.

Si j'entreprenois de deſcendre dans
des détails peut-être trop exacts , j'oſe-
rois auſſi reprendre l'emphaſe des deux
Vers ſuivans :

> Et les mers & l'amour & Varus &
> le Roi ,
> Le Ciel , les élémens ſont armés con-
> tre moi.

Et celle de ces deux-ci :

> . . . L'objet le plus rare & le plus
> précieux
> Que jamais à la terre ayent accordé
> les Cieux.

Qu'eſt-ce, après tout, que cela, dans
une Piéce divinement écrite ; où
preſque tous les Vers ſont de ceux

qu'on devroit citer comme de beaux
Vers ; où l'on ne remarque pas feulement de ces traits brillans qui ne difent rien à la raifon, mais où tout femble être dicté par le génie, le goût, le
jugement & la vérité ?

On y dit, en parlant des Romains :

> Dans leurs fuperbes mains la foudre
> eft toujours prête :
> Ces Vainqueurs foupçonneux font
> jaloux de leurs droits ;
> Et furtout leur orgueil aime à punir
> les Rois.

Ailleurs :

> En faifant des heureux un Roi l'eft à
> fon tour.

Hérode dit en parlant de lui-même :

> Craint, refpecté du Peuple, admiré,
> mais haï,
> J'ai des adorateurs, & n'ai pas un ami.

Et plus bas, il ajoute :

> Sion va refpirer fous un régne plus
> doux :
> Mariamne a changé le cœur de fon
> Epoux.
> Mes mains, loin de mon trône écar-
> tant les allarmes,
> Des peuples opprimés vont effuyer
> les larmes :

Je veux fur mes Sujets régner en
Citoyen.

Il y a mille Vers de cette efpéce dans
Mariamne. J'y trouve, d'ailleurs, une
forte de mérite que n'a pas *Œdipe* ; j'y
vois des caractéres plus marqués. Dans
Œdipe, ce ne font que des malheurs ;
ici ce font des paffions ; je crois même y
avoir apperçu, Monfieur, le germe de
Zaïre ; & je me propofe de développer cette idée, en vous parlant de celle-
ci.

Je fuis, en attendant, &c.

LETTRE III.

Sur la Tragédie de Brutus.

UN difcours auffi bien écrit que
folide & inftructif, tient ici lieu, Monfieur, d'Epître Dédicatoire à Milord
Bolinbrocke. Après y avoir parlé de la
difficulté des Vers Français, de la néceffité de la rime, de la Tragédie Grecque, Anglaife, & Françaife ; M. *de Voltaire* parle enfin de fa Piéce. Il fe juftifie
fur ce qu'il a mis de l'amour dans un
Sujet auffi terrible, en difant que l'a-
mour peut entrer dans une Tragédie,

lorfqu'il n'eft pas une fimple intrigue de galanterie, mais une vraie paffion qui conduit à des malheurs ou à des crimes. Je ne puis mieux faire connaître cette Tragédie & l'adreffe de l'Auteur, qu'en rapportant à peu près ce qu'il dit dans l'endroit de ce difcours, où il rend lui-même compte de fon travail.

Il a tempéré l'auftérité de *Brutus* par l'amour paternel, afin qu'on admirât & qu'on plaignît l'effort qu'il fe fait en condamnant fon fils. Il a donné à la jeune *Tullie* un caractère de tendreffe & d'innocence ; parce que, s'il en avoit fait une héroïne altiére qui n'eût parlé à *Titus* que comme à un Sujet qui devoit fervir fon Prince, *Titus* aurait été avili, & l'Ambaffadeur eût été inutile. *Titus* eft un jeune homme furieux dans fes paffions, aimant Rome & fon pere, adorant *Tullie*, fe faifant un devoir d'être fidèle au Sénat même dont il fe plaint ; & emporté loin de fon devoir par une paffion dont il avoit crû être le Maître.... « En effet, dit toujours » M. *de Voltaire*, fi *Titus* avoit été » de l'avis de fa Maîtreffe, & s'il s'é- » toit dit à lui-même de bonnes rai- » fons en faveur des Rois, *Brutus* alors

» n'eût été regardé que comme un
» Chef de Rebelles ; *Titus* n'auroit
» plus eu de remords ; fon pere n'eût
» plus excité la pitié.

Il s'eft bien gardé de faire paraître
fur la Scène les deux fils de *Brutus*; l'intérêt feroit perdu, s'il étoit partagé. M.
de Voltaire , dans cette Préface Dédicatoire, fait parler auffi des amis judicieux,
qui lui difent : » que votre Piéce fur-
» tout foit fimple ; imitez cette beauté
» des Grecs : croyez que la multiplici-
» té des événemens & des intérêts com-
» pliqués n'eft que la reffource des
» génies ftériles qui ne favent pas tirer
» d'une feule paffion de quoi faire cinq
» actes. Tâchez de travailler chaque
» Scène, comme fi c'étoit la feule que
» vous euffiez à écrire. Ce font les
» beautés de détails qui foutiennent les
» Ouvrages en Vers , & qui les font
» paffer à la poftérité.

C'eft d'après ces réflexions, que M.
de Voltaire a compofé fon *Brutus*. Pou-
voit-il, en les fuivant, ne pas faire une
excellente Tragédie ? Il me femble
même que les faibleffes où l'amour
nous entraîne y font peintes , dans un
autre genre, il eft vrai , mais plus vivement que dans *Mariamne*. Enfin la Pié-

ce est bien conduite , les caractéres bien frappés & le ftyle admirable. Qu'on fe rappelle , par exemple , ces Vers fublimes par où l'Auteur débute : ils font le modèle de tous les autres.

> Deftructeurs des T.rans , vous qui n'avez pour Rois ,
> Que les Dieux de Numa , vos vertus & nos loix ,
> Enfin notre Ennemi commence à nous connaître :
> Ce fuperbe Tofcan qui ne parloit qu'en Maître ,
> Porfenna , de Tarquin ce formidable appui ,
> Ce Tiran , protecteur d'un Tiran comme lui ,
> Qui couvre de fon Camp les rivages du Tibre ,
> Refpecte le Sénat & craint un peuple libre.

Ce bel Ouvrage n'eut cependant pas, dans fa nouveauté, tout le fuccès qu'il méritoit ; mais les fuffrages des Connaiffeurs & des Etrangers dédommagérent l'Auteur du peu de goût que témoigna d'abord fa Nation aux repréfentations de *Brutus* ; & ces fuffrages confirmés depuis par la Nation même , font pour ce Poëme un gage affuré de l'immortalité.

Je fuis , Monfieur , &c.

LETTRE IV.

Sur la Comédie de l'Indiscret.

Vous allez voir, Monsieur, les talens de M. *de Voltaire*, dans un nouveau genre de Drame ; car son génie est propre à tout. Quel honneur n'eût pas fait à un Auteur ordinaire la petite Piéce dont je vais parler ? Les détails surtout en sont charmans ; mais je crois y avoir apperçu, dans la conduite, quelques irrégularités.

Trouvez-vous, par exemple, que cette Scène où *Pasquin* est entre *Hortense* & *Damis* & leur parle à chacun tour à tour, soit assez vrai-semblable ? On en eût pû faire deux Scènes ; & elles ne paraissent avoir été réunies que pour faire un jeu de Théâtre.

Hortense jette son portrait qu'elle avoit donné à *Damis :* une femme jetter son portrait ! & dans quel endroit encore ! dans un jardin public !

Damis se met à genoux... L'amant le plus petit-Maître se met-il à genoux dans une promenade auprès d'une Maîtresse qu'il connaît pour être un peu prude ? Auſſi ſont-ils apperçus par *Clitandre*.

Ce *Clitandre*, Monſieur, eſt un jeune homme ſage, prudent, par conſéquent amant diſcret : il blâme les indiſcrétions de *Damis* : cependant il confie lui-même ſon amour ; & c'eſt à ſon Valet. Il eſt vrai que l'uſage pourroit faire excuſer cette faute ; mais c'eſt à un grand homme à corriger l'uſage.

Tels ſont les légers défauts que j'ai cru voir dans cette Comédie, qui d'ailleurs m'a paru charmante. Le petit-maître y eſt très-bien peint : l'intrigue en eſt jolie & vrai-ſemblable : je voudrois ſeulement que l'Auteur en eût retranché le valet : il ſert pourtant à la nouer ; mais, ſans examiner s'il ſert bien à la Piéce, ne vaudroit-il point mieux qu'il n'y ſervît pas ?

Je ne vous parlerai point, Monſieur, de la vérſification de *l'Indiſcret* ? Dire que M. *de Voltaire* eſt l'Auteur de cette Piéce, c'eſt dire que les Vers en ſont ingénieux & bien tournés. Je me contenterai d'en citer pour exemple le commencement de la premiere Scène entre *Damis* & *Euphémie* ſa mere. Voici ce qu'*Euphémie* dit à ſon fils ſur ſon indiſcretion :

N'attendez pas , mon fils , qu'avec un
   ton sevére ,
Je déploie à vos yeux l'autorité de mere.
Toujours prête à me rendre à vos justes
   raisons ,
Je vous donne un conseil & non pas
   des leçons.
C'est mon cœur qui vous parle ; & mon
   expérience
Fait que ce cœur pour vous se trouble
   par avance.
Depuis deux mois au plus , vous êtes à
   la Cour:
Vous ne connaissez pas ce dangéreux
   séjour.
Sur un nouveau venu le Courtisan perfide
Avec malignité jette un regard avide ;
Pénétre ses défauts , & dès le premier
   jour ,
Sans pitié le condamne , & même sans
   retour.
Craignez de ces Messieurs la malice pro-
   fonde :
Le premier pas , mon fils , que l'on fait
   dans le monde ,
Est celui dont dépend le reste de nos
   jours.
Ridicule une fois , on vous le croit tou-
   jours:
L'impression demeure. En vain croissant
   en âge ,
On change de conduite , on prend un
   air plus sage.
On souffre encor longtems de ce vieux
   préjugé :
On est su est encor , lorsqu'on est cor-
   rigé ;

Et j'ai vu quelquefois payer, dans la
 vieilleſſe ,
Le tribut des défauts qu'on eut dans
 la jeuneſſe.

Vous êtes indiſcret ; ma trop longue
 indulgence
Pardonna ce défaut au feu de votre
 enfance ;
Dans un âge plus mûr, il cauſe ma
 frayeur :
Vous avez des talens, de l'eſprit & du
 cœur ;
Mais croyez qu'en ce lieu tout rempli
 d'injuſtices ,
Il n'eſt point de vertu qui rachete les
 vices ,
Qu'on cite nos défauts en toute occaſion,
Que le pire de tous eſt l'indiſcrétion ;
Et qu'à la Cour, mon fils, l'art le plus
 néceſſaire
N'eſt pas de bien parler, mais de ſavoir
 ſe taire.
Ce n'eſt pas, en ce lieu, que la ſocieté
Permet ces entretiens remplis de liberté :
Le plus ſouvent ici l'on parle ſans rien
 dire ;
Et les plus ennuyeux ſavent s'y mieux
 conduire.
Je connais cette Cour ; on peut fort la
 blâmer ;
Mais, lorſqu'on y demeure, il faut s'y
 conformer.
Pour les femmes ſurtout plein d'un égard
 extrême ,
Parlez-en rarement, encor moins de
 vous-même.

Paraîſſez ignorer ce qu'on fait, ce
    qu'on dit :
Cachez vos ſentimens & même votre
    eſprit :
Surtout de vos ſecrets ſoyez toujours
    le maître ;
Qui dit celui d'autrui, doit paſſer pour
    un traître ;
Qui dit le ſien, mon fils, paſſe ici pour
    un ſot.

Je ſuis, Monſieur. &c.

LETTRE V.

Sur la Tragédie de Zaïre.

IL y a quelque-tems, Monſieur,
que je ſortois de la Comédie avec un
certain homme de Lettres, un de ces
Juges de l'eſprit, qui croïent ſe faire
un grand nom en attaquant les Auteurs
célébres. On avoit joué *Zaïre*, & notre
converſation rouloit ſur M. *de Voltaire*.
Mon prétendu Savant le critiquoit beaucoup. De mille Ouvrages que j'aurois
pu citer, je ne ſongeai qu'à *Zaïre*, &
je la nommai pour toute réponſe à ſa
Critique. Auſſi-tôt il eut ſoin de m'y
faire remarquer quelques défauts qui

'étoient échappés dans une repréfen-
ation précipitée. Rentré chez-moi, je
epris la Piéce pour la lire attentive-
ent, & j'éprouvai en la lifant, le
ême plaifir que j'avois eu en la voyant
epréfenter.

Ma fenfibilité ne m'aveugla pour-
ant pas fur quelques irrégularités que
ette lecture m'y découvrit: je vis, par
xemple, que la Lettre de *Néreftan* à
aïre étoit travaillée de forte que les
xpreffions de la tendreffe d'un frere
ûffent paffer, aux yeux d'un amant ja-
oux, pour l'expreffion de l'amour d'un
ival; qu'il n'étoit guéres vrai-fembla-
le, que *Néreftan* écrivant à une fœur
u'il venoit de reconnaître depuis quel-
ues momens, ne l'appellât pas de ce
om de fœur qui devoit lui être fi
récieux. C'étoit un fecret, dira-t'on,
u'on ne vouloit pas revéler; mais la
ettre, quand *Néreftan* l'écrivit, ne
evoit pas tomber dans les mains d'O-
fmane; & en tout cas, *Néreftan* rif-
uoit moins de paffer pour le frere de
aïre, que de paffer pour fon amant:
n un mot, on voit trop que c'eft M.
Voltaire qui écrit le Billet & non
as *Néreftan*; mais encore une fois :

Les pleurs décident mieux que les réfléxions;

C'eft principalement dans cette Tragédie, que je reconnais un Auteur qui s'eft identifié *Racine*, non-feulement pour l'élégance des Vers, mais pour la vérité & la beauté des fentimens. J'y en trouve même quelques-uns d'imités de près, quant à la penfée, & quant à l'expreffion. *Zaïre* y dit :

> Mais que fait Orofmane ? Il ne s'informe pas,
> Si j'attens loin de lui la vie ou le trépas.

Hermione avoit dit dans *Andromaque*, en parlant de *Pirrhus* :

> Triomphant dans le temple, il ne s'informe pas,
> Si l'on fouhaite ailleurs fa vie ou fon trépas.

Mais ce qui doit faire plus qu'excufer cette legére reffemblance, c'eft que, dans cette imitation, M. *de Voltaire* a, ce me femble, enchéri fur fon modèle. Quelle douceur ! quelle harmonie ! quelle noble fimplicité dans prefque tous les Vers de cette Piéce ! quelle naïveté fublime dans les penfées ! eft-il rien de plus tendre que cette tirade de la premiere Scène où *Zaïre* entretient fa Confidente de fon amour pour *Orofmane ?*

De

De toute ma faibleſſe il faut que je convienne :

Peut-être ſans l'amour , j'aurois été Chrétienne ;

Peut-être qu'à ta loi j'aurois ſacrifié ;

Mais Oroſmane m'aime , & j'ai tout oublié.

Je ne vois qu'Oroſmane ; & mon ame enivrée ,

Se remplit du bonheur de s'en voir adorée.

Mets-toi devant les yeux ſa grace , ſes exploits :

Songe à ce bras puiſſant , vainqueur de tant de Rois ,

A cet aimable front que la g oire environne :

Je ne te parle point du ſceptre qu'il me donne ;

Non ; la reconnaiſſance eſt un faible retour ,

Un tribut offenſant trop peu fait pour l'amour.

Mon cœur aime *Oroſmane* , & non , ſon diadême :

Chére Fatime , en lui je n'aime que lui-même.

Peut - être j'en crois trop un penchant ſi flatteur ;

Mais ſi le Ciel ſur lui déployant ſa rigueur ,

Aux fers que j'ai portés eût condamné ſa vie ;

Si le Ciel ſous mes loix avoit rangé l'Aſie ;

u mon amour me trompe , ou Zaïre aujourd'hui ,   B

Pour l'élever à foi, descendroit juſqu'à lui.

J'admire ſurtout dans cette Piéce, Monſieur, combien le dialogue & le ſtyle ſont toujours naturels, les caractéres bien tracés, les ſituations ménagées, toutes les Scenes amenées ; enfin combien M. *de Voltaire*, (quoiqu'en diſent ſes Ennemis) poſſéde l'art du Théâtre.

Veut-il faire un portrait gracieux de la liberté dont jouiſſent les femmes en France ? Cela ne ſeroit pas aſſez majeſtueux pour entrer dans le corps de l'Ouvrage ; c'eſt au début qu'il le place.

On va remettre à Oroſmane une Lettre qu'il croit être celle d'un Rival. (*)

─────────────────────────

(*) Scène troiſiéme du IVe. acte *On y lit ces beaux Vers, où le Sultan déſavouant les ſoupçons qu'il a fait paraître, s'exprime ainſi, en parlant de Zaïre à* Coraſmin :

Eſt-ce à moi de me plaindre ? On m'aime,
　　c'eſt aſſez.
Il me faut expier par un peu d'indulgence,
De mes ſoupçons jaloux l'injurieuſe offenſe.
Je me rends, je le vois ; ſon cœur eſt ſans
　　détours :
La Nature naïve aime ſes diſcours :
Elle eſt dans l'âge heureux où régne l'innocence.
A ſa ſincérité je dois ma confiance :
Elle m'aime ſans doute ; oui, j'ai lu devant
　　toi,
Dans ſes yeux attendris, l'amour qu'elle a
　　pour moi.

jusques-là il avait été jaloux ; la confiance renaît dans son cœur : il se croit aimé ; & cela rend la situation où il reçoit la Lettre plus touchante , & la jalousie qui s'empare alors de son ame, plus vive & plus saillante que s'il l'avoit reçue dans un moment de fureur.

J'avois dit, qu'en lisant *Mariamne*, j'y avois trouvé le germe de *Zaïre*. En effet, ce sont, à peu près, les mêmes situations , les mêmes sentimens. C'est un tableau dont on a changé les attitudes, auquel on a mis un coloris plus brillant , & qu'on a orné d'un cadre qui le fait beaucoup mieux ressortir. Je m'apperçois aisément de cette ressemblance, quand je lis *Mariamne* après *Zaïre* ; mais que j'ai de peine à m'en appercevoir, quand je lis *Zaïre* après *Mariamne !*

Je suis, Monsieur, &c.

LETTRE VI.

Sur la Tragédie d'Alzire.

M. *de Voltaire* digne ami de l'illustre Madame *Duchatelet* , devoit, Mon-

sieur, à la Littérature une apologie des
Femmes Savantes : c'est le sujet de l'E-
pître Dédicatoire qui précéde *Alzire*,
& qui est écrite avec tout l'agrément
possible.

Plus je lis les Ouvrages de ce Héros
de notre Parnasse, & plus je sens aug-
menter mon admiration pour lui. Dans
Œdipe, c'étoit un grand-homme qui
s'annonçoit ; dans *Mariamne*, c'étoit un
jeune Poëte qui versifioit parfaitement ;
dans *Brutus*, c'est un Ecrivain rempli
d'éloquence ; dans *Zaïre*, un Auteur
tendre & charmant ; mais dans *Alzire*,
& dans la *Henriade*, c'est un génie du
premier ordre.

Tout est ici en sa faveur, le sujet
neuf, l'intrigue bien noüée, les situations intéressantes, les caractéres nuan-
cés avec art, le dénouement beau &
touchant, la Poësie forte & brillante,
les pensées variées, tantôt délicates,
tantôt pathétiques ou sublimes ; les sentimens au-dessus de tout : ils font regarder cette Piéce comme l'école de
la vertu. Jamais l'humanité fut-elle
mieux exprimée que dans ces Vers où
Alvarès dit à *Zamore* :

> Ne cache point tes pleurs ; cesse de t'en
>   défendre :

C'eſt de l'humanité la marque la plus
    tendre.

Malheur aux cœurs ingrats & nés pour
    les forfaits,

Que les douleurs d'autrui n'ont atten-
    dris jamais !

Les Vers ſuivans que le même *Alva-*
rès adreſſe à ſon fils, au commencement du quatriéme acte, ne me paraiſ-
ſent pas moins beaux :

Méritez donc, mon fils, un ſi grand
    avantage.

Vous avez triomphé du nombre & du
    courage ;

Et de tous les vangeurs de ce triſte
    Univers,

Une moitié n'eſt plus, & l'autre eſt dans
    vos fers.

Ah ! n'enſanglantez point le prix de la
    victoire ;

Mon fils, que la clémence ajoute à vo-
    tre gloire :

Je vais ſur les vaincus étendant mes
    ſecours,

Conſoler leur miſére, & veiller ſur leurs
    jours :

Vous, ſongez cependant, qu'un pere
    vous implore ;

Soyez homme & Chrétien, pardonnez
    à Zamore.

Ne pourrai-je adoucir vos infléxibles
    mœurs ;

Et n'apprendrez-vous point à conquérir
    des cœurs ?

Enfin, Monſieur, je n'ai jamais lu d'Ouvrage qui renferme une morale plus touchante, des maximes plus ſages, & où l'on reconnaiſſe mieux les traits de la nature embellis par le ſentiment.

Oſerois-je, après des louanges ſi juſtes, chercher quelques défauts dans *Alzire* ? Pourquoi non ? Je ne prétends point, par mes faibles remarques, changer ſa deſtinée : les efforts même de l'Envie n'ont pu porter la moindre atteinte à la réputation de ce chef-d'œuvre.

Montéze me paraît un perſonnage faible : il n'a point de caractére décidé ; mais il faut convenir auſſi qu'il étoit difficile de lui en donner un.

Le Monologue d'*Alzire*, au cinquiéme acte, n'eſt-il pas un peu trop philoſophique ? La ſituation exigeoit dans le cœur de cette jeune amante plus de ſentiment & moins de raiſonnemens ; mais la beauté des Vers & la force des penſées colorent ſi bien ce défaut, qu'il n'eſt point d'Auteur qui ne voulût être capable d'une pareille faute.

Il eſt encore quelques legéres taches qu'une Critique trop ſevére pourroit éplucher ; mais tout cela eſt bien peu de choſe, & n'empêchera pas le ſuffrage des ſiecles.

Je ſuis, Monſieur, &c.

LETTRE VII.

Sur la Tragédie de la Mort de César.

QUel éloge pourrai-je faire, Monfieur, de *la Mort de César*, qui ne foit au-deffous de fon mérite ? Cette Tragédie n'a prefque pas un défaut ; elle eft partout marquée au coin du génie. Tout le monde en convient ; mais il n'appartient qu'à des Efprits qui penfent vraiment, d'en connaître toutes les perfections. Les femmes ont applaudi davantage *Zaïre* ; & ce font elles qui font le goût général de la Nation.

Il eft vrai que la Piéce dont je parle, imitée du Théâtre Anglais, eft beaucoup plus dans leur génie que dans le nôtre : c'eft, à notre honte, fans doute, qu'il faut l'avouer. Il eft humiliant pour nous, que *Shakefpear* épuré & ennobli par le Poëte le plus éloquent de l'Europe, n'ait eu, fur notre Scène, que des fuffrages & peu d'applaudiffemens.

Les caractéres font ici marqués avec une force de pinceau que M. *de Voltaire* connaît feul aujourd'hui. L'intérêt

B iiij

y eſt toujours bien ſoutenu, quoique la moindre maladreſſe de l'Auteur auroit pû le détruire. Toutes les Scènes ſemblent ſe diſputer de beauté, chacune d'elles étant également remplie de traits mâles, frappans & ſinguliers. Je ne finirois pas, Monſieur, ſi je voulois citer tous ceux qui s'offrent à ma mémoire. En voici pourtant un que je ne ſaurois omettre : c'eſt la réponſe de *Caſſius* à *Brutus*, lorſque celui-ci a appris aux Conjurés qu'il eſt fils de *Céſar* :

Toi, ſon fils ! Rome enfin n'eſt-elle plus
    ta mere ?
Chacun des Conjurés n'eſt il donc plus
    ton frere ?
Né dans nos murs ſacrés, nourri par
    Scipion,
Eléve de *Pompée*, adopté par *Caton*,
Ami de *Caſſius*, que veux-tu davantage ?
Ces titres ſont ſacrés ; tout autre les
    outrage.
Qu'importe qu'un Tiran, vil eſclave
    d'amour
Ait ſéduit *Servilie*, & t'ait donné le jour?
Laiſſe-là les erreurs & l'himen de ta
    mere :
Caton forma tes mœurs ; *Caton* ſeul eſt
    ton pere :
Tu lui dois ta vertu, ton ame eſt toute
    à lui.
Briſe l'indigne joug que l'on t'offre au-
    jourd'hui.

Qu'à nos fermens communs ta fermeté
réponde.
Eh ! tu n'as de parens que les Vangeurs du monde !

Si le difcours d'Uliffe contre *Ajax ,*
dans les *Métamorphofes,* a fait regretter
qu'*Ovide* n'ait pas été Orateur , que
dira-t'on de M. *de Voltaire* en lifant
le difcours d'*Antoine* au Peuple Romain ? Il n'eft , nulle part, plus riche de
Poëfie que dans cette Piéce , plus élevé
dans les penfées & plus rapide dans le
ftyle , toujours noble fans enflure , &
fouvent même auffi fublime que *Corneille* , fans fes vaines déclamations.

Je fuis , Monfieur , &c.

LETTRE VIII.

Sur la Comédie de l'Enfant Prodigue.

J'Etois l'ennemi du *Comique Larmoyant* , Monfieur , quand je n'avois lu
que *Mélanide.* La lecture de l'*Enfant Prodigue* m'a reconcilié avec *Thalie la pleu-
reufe.* J'aime dans cette Piéce l'intérêt
du Comique touchant mais fans en de-
venir plus partifan de M. *de la Chauffée ,*

B v

chez qui cette efpéce de Comique ne
me paraît que ridicule.

M. *de Voltaire* a voulu fans doute
montrer qu'il favoit regler fon effor &
chauffer le brodequin , avec la même
facilité qu'il chauffoit le cothurne. Ce
n'eft plus ici l'Auteur fublime de *Bru-*
tus & d'*Alzire* ; c'eft le Peintre du fentiment , & le Poëte le plus aimable.
Le langage du cœur , le raifonnement
ingénieux & l'enjouement délicat font
l'ame de l'*Enfant Prodigue.*

Il faut avouer pourtant, Monfieur ,
que les perfonnages moins relevés de
cette Piéce n'y font pas auffi heureufement tracés que les autres par ce charmant Auteur. Il n'y en a que deux de
cette efpéce ; mais on voit, à regret ,
qu'ils font tous deux un peu outrés: M.
de Voltaire , pour avoir trop appuyé le
le pinceau, en crayonnant les portraits
de *Rondon* & de *Fierenfat* , a , quelquefois , fait grimacer ces deux figures.

On n'en doit cependant point infé-
rer que M. *de Voltaire* ne foit pas propre, comme à tout le refte, aux perfonnages purement comiques. Ceux de
Marthe & de *Jafmin* font une preuve
du contraire : il eft vrai que *Marthe*
eft une Suivante qui parle plus qu'elle

n'agit, & toutes les fois que M. *de Voltaire* ne voudra que parler, il dira toujours les plus jolies chofes du monde : quant au perfonnage de *Jafmin*, il eft fouvent du meilleur comique, mais il eft fouvent auffi plus délicat encore que comique ; on pourroit même le critiquer par-là, s'il étoit permis de critiquer un défaut qui produit tant de beautés.

On a du voir avec plaifir, Monfieur, aux repréfentations de cette Piéce, un ftyle nouveau & des Vers plus vifs dont les différents hemiftiches varient l'harmonie & enjolivent la cadence. Je ne voudrois pourtant pas confeiller à un autre Auteur d'écrire une Piéce dans le même goût ; car j'imagine que cette forte de Vers auroit de la peine à foutenir une Poëfie moins brillante, que celle de M. *de Voltaire*. En voici quelques-uns qui peuvent fervir à juftifier mon opinion ; ils font tirés de la premiére Scène du fecond acte entre *Life* & *Marthe* fa Suivante :

MARTHE.

Vous frémiffez, en voyant de plus
 près,
Tous ce fracas, ces nôces, ces apprêts,

LISE.

Ah! plus mon cœur s'étudie & s'essaye,
Plus de ce joug la pesanteur m'effraye.
A mon avis, l'Himen & ses liens,
Sont les plus grands, ou des maux ou
　　des biens.
Point de milieu. L'état du Mariage
Est des Humains le plus cher avantage,
Quand le rapport des Esprits & des
　　Cœurs,
Des sentimens, des goûts & des humeurs,
Serre ces nœuds tissus par la Nature,
Que l'amour forme, & que l'honneur
　　épure.
Dieux! quel plaisir d'aimer publique-
　　ment,
Et de porter le nom de son Amant!
Votre maison, vos gens, votre livrée,
Tout vous retrace une image adorée;
Et vos enfans, ces gages précieux,
Nés de l'amour, en font de nouveaux
　　nœuds.
Un tel Himen, une union si chére,
Si l'on en voit, c'est le Ciel sur la Terre.
Mais tristement vendre par un contrat,
Sa liberté, son nom & son état,
Aux volontés d'un Maître despotique,
Dont on devient le premier domestique;
Se quereller, ou s'éviter le jour,
Sans joye à table, & la nuit sans amour;
Trembler toujours d'avoir une faiblesse,
Y succomber, ou combattre sans cesse;
Tromper son Maître ou vivre sans espoir
Dans les langueurs d'un importun de-
　　voir:

Gémir, fécher dans fa douleur profonde ;
Un tel himen eft l'enfer de ce monde.

MARTHE.

En vérité, les Filles, comme on dit ;
Ont un Démon qui leur forme l'efprit :
Que de lumiére en une ame fi neuve !
La plus experte & la plus fine Veuve,
Qui fagement fe confole à Paris,
D'avoir porté le deuil de trois Maris,
N'en eût pas dit fur ce point davantage.
Mais vos dégoût fur ce beau mariage
Auroient befoin d'un éclairciffement.
L'himen déplaît avec le Préfident :
Vous plairoit-il avec Monfieur fon frere?
Débrouillez-moi, de grace, ce myftère.
L'Aîné fait-il bien du tort au Cadet ?
Haïffez-vous ?. Aimez-vous ? Parlez net.

LISE.

Je n'en fais rien ; je ne peux & je n'ofe
De mes dégoûts bien démêler la caufe.
Comment chercher la trifte vérité ,
Au fond d'un cœur hélas ! trop agité ?
Il faut au moins , pour fe mirer dans
   l'onde ,
Laiffer calmer la tempête qui gronde ,
Et que l'orage & les vents en repos
Ne rident plus la furface des eaux.

MARTHE.

Comparaifon, n'eft pas raifon, Madame.
On lit très-bien dans le fond de fon ame;
On y voit clair : & fi les paffions
Portent en nous tant d'agitations ,
Fille de bien fait toujours, dans fa tête,

D'où vient le vent qui cause la tempête , &c.

Je suis , Monsieur , &c.

LETTRE IX.

Sur la Tragédie de Mahomet.

Toutes les productions de M. *de
Voltaire*, nous forcent, Monsieur, d'admirer ce génie fertile & cette imagination brillante qui les caractérisent ; &
si l'on y trouve quelques défauts, ils sont
toujours rachetés par les beautés les plus
sublimes. C'est ce qui m'a frappé surtout dans *Mahomet* , où il a montré
toute l'horreur de l'imposture & du
fanatisme, ainsi que *Moliére* a montré,
dans le *Tartuffe* , toute la laideur de
l'hipocrisie. M. *de Voltaire* a lui-même exprimé ce que c'est que son *Mahomet* , dans une Lettre au Roi de
Prusse, qui sert d'Epître Dédicatoire
à cette Piéce : *l'action que j'ai peinte,*
dit-il, *est atroce, & je ne sais si l'horreur a été plus loin sur aucun Théâtre.
C'est un jeune homme , né avec de la vertu , qui séduit par son fanatisme , assas-*

fine un Vieillard qui l'aime, & qui, dans l'idée de servir Dieu, se rend coupable, sans le savoir, d'un parricide : c'est un Imposteur qui ordonne ce meurtre, & qui promet à l'assassin un inceste pour récompense.

Plus un Auteur Dramatique choisit un grand Sujet, plus il s'engage à le traiter dignement, & je crois que c'est une erreur de prétendre, qu'il y a des Sujets, qui par leur propre beauté, se font assez valoir eux mêmes. M. *de Voltaire*, en avouant, qu'il a osé mettre l'horreur sur le Théâtre, s'est imposé la loi de ne se servir que de grands ressorts; & il s'y est effectivement assujetti presque partout avec tant de succès, qu'il faut avoir une ame forte pour supporter même la lecture de cette Piéce. Voici cependant deux endroits où il me paraît avoir employé de faibles moyens.

Dans la sixiéme Scène du second acte, entre *Mahomet* & *Omar*, c'est ce dernier qui propose de faire assassiner *Zopire*, par *Séide* qu'il sait être le fils de ce malheureux Vieillard. Ce trait rend *Omar* plus odieux que *Mahomet* lui-même ; & le Personnage de celui-ci se trouve, dès-lors, un peu

affaibli par celui de fon Confident. *Moliére* avoit évité ce défaut, en n'introduifant point fur la Scène, *Laurent*,
le Valet du *Tartuffe* : fi, à l'exemple
de *Moliére*, M. *de Voltaire* n'eût point
donné de Confident à *Mahomet*, ou fi
la trahifon d'*Hercide* eût été l'Ouvrage
d'*Omar* même ; cela auroit, je crois,
placé *Mahomet* dans un plus beau jour,
l'auroit obligé d'avoir plus de reffources dans lui-même, & l'auroit mis
dans le cas de fe développer avec plus
d'art.

Lorfque *Seïde*, au troifiéme acte,
s'encourage à affaffiner *Zopire*, *Zopire* vient offrir à *Seïde*, de le mettre
à l'abri des dangers auxquels il va être
expofé. Cette fituation eft touchante ;
mais il faut fuppofer, pour cela, qu'on
eft prêt à livrer un combat dans la V-il-
le ; &, malgré l'adreffe de l'Auteur,
ce combat qu'il a tâché de rendre vraifemblable, a quelque chofe de trop
gêné.

Il me femble que les deux Scènes
que je viens de citer, (principalement
la premiére) n'ont point été travail-
lées affez à fond : M. *de Voltaire* les
aurra probablement compofées avec
trop de rapidité, & il aura fuivi trop

facilement les premiéres idées qui se
font préfentées à fon imagination. À cela
près, la Tragédie de *Mahomet* eft une
des plus fortement réfléchies de toutes
celles qu'il a faites. Si l'on a loué l'Auteur du *Tartuffe*, d'avoir manié fon
Sujet avec les précautions qu'exigeoit
une matiére auffi délicate, & d'avoir fu
diftinguer fi heureufement le Perfonnage de l'Hipocrite d'avec celui du vrai
Dévot, M. *de Voltaire* méri te affurément
les mêmes louanges, par rapport au
merveilleux contrafte qui régne entre les
caractéres de *Mahomet* & de *Zopire* :
le premier eft fourbe, ambitieux,
cruel ; l'autre humain, vertueux & fin-
cére. Le rôle d'*Omar* eft encore admirable ; mais, felon moi, Monfieur,
le Perfonnage de cette Tragedie, le
plus digne d'éloges, eft celui de *Séïde* :
il ne pouvoit être auffi habilement tra-
cé que par un génie fupérieur. En effet,
il y a plufieurs fortes d'enthoufiafmes :
Séïde eft un jeune fanatique, tendre,
faible, credule ; & l'enthoufiafme, avec
ce caractére, devient bien théâtral. Sa
fœur *Palmire* répand auffi beaucoup d'a-
grémens fur la Piéce ; elle mêle une pitié
douce à la pitié affreufe qu'infpire au
Spectateur l'infortuné *Zopire*.

La vérſification de *Mahomet*, quoiqu'en général, noble, hardie & pompeuſe, ſe reſſent, en quelques endroits, de l'étude ſur laquelle ce Poëme a été compoſé. C'eſt alors le Métaphiſicien qui parle ; mais plus ſouvent encore, & même preſque partout, c'eſt le grand Poëte & l'homme de génie. Jugez-en par les Vers ſuivans ; ils ſont tirés de la cinquiéme Scène du ſecond acte ; & j'obſerverai, en paſſant, que c'eſt la plus belle Scène de Politique qui ſoit ſortie des mains de l'Auteur. *Mahomet* y dit à *Zopire*.

Voi quel eſt *Mahomet* ; nous ſommes
    ſeuls ; écoute :
Je ſuis ambitieux ; tout homme l'eſt ſans
    doute :
Mais jamais Roi, Pontife, ou Chef ou
    Citoyen
Ne conçut un projet auſſi grand que le
    mien.
Chaque Peuple, à ſon tour, a brillé
    ſur la terre,
Par les loix, par les arts, & ſurtout
    par la guerre.
Le tems de l'Arabie eſt à la fin venu.
Ce Peuple généreux, trop long-tems
    inconnu,
Laiſſoit dans les deſerts enſevelir ſa
    gloire :
Voici les jours nouveaux marqués pour
    la victoire.

Voi, du Nord au Midi, l'Univers défolé,
La Perfe encor fanglante & fon Trône
    ébranlé ;
L'Inde efclave & timide, & l'Egypte
    abaiffée ;
Des murs de *Conftantin* la fpendeur
    éclipfée ;
Voi l'Empire Romain tombant de tou-
    tes parts,
Ce grand Corps déchiré, dans les mem-
    bres épars
Languiffant difperfés, fans honneur &
    fans vie.
Sur ces débris du monde élevons l'A-
    rabie.
Il faut un nouveau culte, il faut de
    nouveaux fers,
Il faut un nouveau Dieu pour l'aveugle
    univers.
En Egypte *Ofiris*, *Zoroaftre* en Afie ;
Chez les Crétois *Minos*, *Numa*, dans
    l'Italie,
A des Peuples fans mœurs, & fans cul-
    te & fans Rois,
Donnérent aifément d'infuffifantes loix.
Je viens, après mille ans, changer ces
    loix groffiéres :
J'apporte un joug plus noble aux Na-
    tions entiéres ;
J'abolis les faux Dieux ; & mon culte
    épuré
De ma grandeur naiffante eft le premier
    degré.
Ne me reproche point de tromper ma
    Patrie :
Je détruis fa faibleffe & fon idolâtrie :

Sous un Roi, sous un Dieu, je viens la
   réunir;
Et pour la rendre illuftre, il la faut
   affervir.

ZOPIRE.

Voilà donc tes deffeins ! C'eft donc toi,
   dont l'audace
De la Terre, à ton gré, prétend chan-
   ger la face !
Tu veux, en apportant le carnage &
   l'effroi,
Commander aux Humains de penfer
   comme toi !
Tu ravages le monde, & tu prétends
   l'inftruire !
Ah! fi par des erreurs il s'eft laiffé féduire,
Si la nuît du menfonge a pu nous égarer,
Par quels flambeaux affreux veux-tu
   nous éclairer, &c.

Je finirai, Monfieur, par le bon mot
de *Fontenelle*, au fujet de cette Piéce:
M. *de Voltaire* lui demandant un jour
ce qu'il penfoit de fon *Mahomet*; *il
eft horriblement beau*, lui répondit le
bel-efprit nonagénaire.

Je fuis, &c.

LETTRE X.

Sur la Tragédie de Mérope.

CE Sujet intéreſſant, Monſieur, avoit déjà été traité, ſous d'autres noms, par pluſieurs Auteurs, entr'autres par feu M. de *la Grange-Chancel*, dans ſa Tragédie d'*Amaſis* : *Nitocris* y eſt *Mérope*, *Séſoſtris* eſt *Égiſte*, *Amaſis* eſt *Polifonte*, & *Phanès* eſt *Narbas* : mais quelle prodigieuſe différence n'y a-t'il pas, d'ailleurs, entre cet Ouvrage & celui de M. *de Voltaire* ? Outre les vices du ſtyle d'*Amaſis* qui preſque toujours eſt dur, lâche, plat & peu correct, il y régne encore un défaut eſſentiel que l'Auteur de *Mérope* a ſû éviter ; c'eſt que *Séſoſtris*, dans la premiére de ces Piéces, eſt le principal Perſonnage ; tout roule ſur lui ; & *Nitocris* ſa mere, occupée ſeulement à déplorer ſes malheurs, ou à dire des injures au Tiran, n'a que très-peu de part à l'action. Dans la Piéce de M. *de Voltaire*, il n'eſt, au contraire, preſque par-tout, queſtion que de *Mérope* : l'amour maternel y eſt admi-

rablement peint; & c'eſt-là le véritable ſujet de la Tragédie. Elle a donc
deux grands avantages ſur *Amaſis* ; la
beauté du coloris, & la variété & la
vérité des mouvemens d'une mere ſenſible qui touche bien plus que *Séſoſ-*
tris , lequel a l'air un peu avanturier.
Auſſi depuis *Mérope* , remet-on rare-
ment *Amaſis* au Théâtre ; & lorſqu'on
oſe y hazarder cette Piéce, elle y eſt
toujours reçue très-froidement. Il n'en
eſt pas ainſi de la Tragédie de *Méro-*
pe : c'eſt de toutes les Piéces Dramati-
ques une de celles que l'on joue le plus
ſouvent, & avec le plus de ſuccès :
c'eſt de toutes les Piéces de M. *de Vol-*
taire , celle qui fait verſer le plus de
larmes aux repréſentations, & qui
attendrit le plus à la lecture. J'incline
même à croire que ce genre eſt ſon
triomphe : il excelle dans tous les autres ; mais il ſe ſurpaſſe dans celui-ci.
Perſonne n'a jamais ſu mieux que cet
Ecrivain, exprimer des ſentimens &
peindre des malheurs : tout réuſſit, entre ſes mains : il ſait tirer d'une ſituation tout ce que la nature y peut four-
nir ; & il conduit une action ſimple &
intéreſſante, avec autant d'art qu'un
événement ſingulier , qui exige de

grands traits & des caractéres remplis de force ; ce qui prouve bien que fes talens fublimes ont également leur fource , & dans l'élévation de fon génie , & dans l'extrème fenfibilité de fon cœur.

Mérope eft peut-être la Piéce la mieux conduite qu'ait compofé M. *de Voltaire.* L'amour d'une mere y occupe toute la Scène ; & ce Sujet eft entiérement traité à la *Grecque :* il n'eft chargé d'aucun Epifode ; & malgré cela, fi l'on peut fe fervir de cette expreffion , tous les actes font pleins. Les allarmes de *Mérope ,* fa douleur, fa vengeance, fa joye mêlée de crainte ; & la mort de *Polifonte ,* font la matiére de cinq actes, & rempliffent toutes les Scènes , & toute la Tragédie. Je crois , Monfieur, que M. *de Voltaire ,* en travaillant à ce Drame , a dû fouhaiter , plus d'une fois , d'avoir des Athéniens pour Spectateurs , & de pouvoir faire ufage , fur notre Théâtre , des mêmes reffources qu'on employoit fur celui d'Athènes. Pour moi , je vous avoue qu'il y a quelques endroits de cette Piéce où je defirerois des chœurs , & où je penfe qu'ils produiroient un grand effet ; mais la mode en eft paffée ; & il faut bien fe conformer au tems.

Un Ecolier qui fort de fa Réthori-
que, croit aujourd'hui, qu'avec la fcien-
ce de fes figures, il en fait affez pour
faire parler les fentimens ou les paffions, & compofer une Tragédie : il
n'imagine pas qu'il faut non-feulement
une connaiffance parfaite du cœur humain, mais une étude réfléchie de l'hiftoire : il penfe que, pour avoir fait des
déclamations fur le crime, la vertu &
la vengeance, il a rempli fon objet &
qu'il eft en état de donner des leçons
aux Rois. Mais je crois pouvoir
dire avec raifon, Monfieur, qu'une
faine Morale ne fuffit pas pour faire
des Tragédies, & qu'il y faut joindre
une connaiffance profonde de la Politique différente des bons Rois & des
Tirans. Par exemple, tout le fujet de
Mérope n'eft fondé que fur un trait de
la politique de *Polifonte*, qui après
avoir fait femer les chemins d'affaffins gagés pour tuer *Egifte*, dit lui-
même:　　.　　.　　.　　.　　.

　　Leur Conducteur n'eft plus : ma jufte dé-
　　　fiance
　　A pris foin d'effacer, dans fon fang dan-
　　　gereux,
　　De ce fecret d'Etat les veftiges hon-
　　　teux.

Ce

Ce trait caractèrife mieux un Tiran que toutes les plus belles déclamations ; & il eft un des fondemens de la Tragédie.

Je ne fais, Monfieur, fi je me fuis trop livré à l'effet que cette Piéce a fait fur moi ; mais tout m'y a paru fi touchant, que je fuis perfuadé que tout y eft vraifemblable : elle m'a fi bien infpiré l'efpéce de douleur qu'elle devoit m'infpirer, que je fuis convaincu que le Sujet eft traité comme il devoit l'être.

Dans une Scène où *Polifonte* vient propofer à *Egifte* de lui jurer un hommage éternel, & d'acheter les grandeurs, à ce prix, *Egifte* preffé de répondre, dit au Tiran :

Tu me vois défarmé ; comment puis-je
    répondre ?
Tes difcours, je l'avoue, ont dequoi
    me confondre ;
Mais, rends-moi feulement ce glaive que
    tu crains,
Ce fer que ta prudence écarte de mes
    mains :
Je répondrai pour lors ; & tu pourras
    connaître,
Qui de nous deux, perfide, eft l'efclave
    ou le Maître ;
Si c'eft à *Polifonte* à regler mes deftins ;
Et fi le fils des Rois punit les affaffins.

N'êtes-vous pas frappé, Monſieur, de la ſublimité du premier Vers; & ne penſez-vous pas, comme moi, qu'il dit bien plus que tous ceux qui les ſuivent? Le diſcours entier d'*Egiſte* eſt très-beau; mais s'il eût dit ſeulement:

> Tu me vois déſarmé; comment puis-je répondre?

Il me ſemble que cela auroit été encore plus ſublime.

La verſification, ou, pour parler plus juſte, la Poëſie de *Mérope*, eſt toujours extrêmement belle: c'eſt de toutes les Piéces de l'Auteur, celle dont on peut le moins extraire des Vers; & je crois en faire, par-là, l'éloge: c'eſt ce que nos jeunes Auteurs ne veulent pas comprendre; auſſi n'ont-ils jamais que des beautés par lambeaux. Je me bornerai donc, à l'égard de *Mérope*, à remettre ſous vos yeux, ce magnifique récit du cinquiéme acte, qu'on ne ſauroit trop admirer, & qui excite toujours avec juſtice les plus grands applaudiſſemens:

> La victime étoit prête, & de fleurs couronnée:
> L'Autel étinceloit des flambeaux d'himénée.
> *Polifonte*, l'œil fixe, & d'un front inhumain,

Préſentoit à *Mérope* une odieuſe main :
Le Prêtre prononçoit les paroles ſacrées ;
Et la Reine, au milieu des Femmes
    éplorées,
S'àvançant triſtement, mourante entre
    mes bras,
Au lieu de l'himénée, invoquoit le
    trépas.
Le Peuple obſervoit tout, dans un pro-
    fond ſilence.
Dans l'enceinte ſacré, en ce moment,
    s'avance
Un jeune homme, un Héros, ſembla-
    ble aux Immortels ;
Il court ; c'étoit *Egiſte* ; il s'élance aux
    Autels ;
Il monte ; il y ſaiſit, d'une main aſſurée,
Pour les fêtes des Dieux la hâche pré-
    parée.
Les éclairs ſont moins prompts : je l'ai
    vû de mes yeux,
Je l'ai vû qui frappoit ce Monſtre au-
    dacieux.
Meurs, Tiran, diſoit-il ; Dieux, pre-
    nez vos victimes.
Erox, qui de ſon Maître a ſervi tous les
    crimes,
Erox, qui dans ſon ſang voit ce monſ-
    tre nager,
Léve une main hardie & penſe le vanger.
Egiſte, ſe retourne, enflammé de furie :
A côté de ſon Maître il le jette ſans vie.
Le Tiran ſe reléve ; il bleſſe le Héros :
De leur ſang confondu j'ai vû couler les
    flots.
Déja la Garde accourt avec des cris de
    rage.

Sa Mere..... ah ! que l'amour inspire
     de courage !

Quel transport animoit ses efforts & ses
     pas !

Sa Mere.... elle s'élance au milieu des
     Soldats.

C'est mon fils , arrêtez: cessez , Troupe
     inhumaine ;

C'est mon fils ; déchirez sa Mere , & vo-
     tre Reine ;

Ce sein qui l'a nourri , ces flancs qui
     l'ont porté.

A ces cris douloureux, le Peuple est agité.

Un gros de nos amis , que son danger
     excite ,

Entr'elle & ses Soldats, vole & se pré-
     cipite.

Vous eussiez vû soudain les Autels ren-
     versés ,

Dans des ruisseaux de sang leurs débris
     dispersés ;

Les Enfans écrasés dans les bras de leurs
     Meres ,

Les Freres méconnus , immolés par leurs
     Freres ;

Soldats , Prêtres , Amis , l'un sur l'autre
     expirans :

On marche , on est porté sur les corps
     des mourans ;

On veut fuir ; on revient , & la foule
     pressée ,

D'un bout du Temple à l'autre est vingt
     fois repoussée , &c.

Cette Lettre sera terminée , Monsieur , par le récit d'une avanture asse

plaisante qu'occasionna, dans sa nouveauté, le brillant succès de *Mérope*. *Dumont*, bel esprit subalterne, sortant extasié de la premiére représentation de cette Piéce, entra dans le Caffé de *Procope*, en s'écriant : *En vérité, Voltaire est le Roi des Poëtes*. L'Abbé *Pellegrin*, qui y étoit, se leva aussi-tôt, & d'un air piqué, dit brusquement : *Eh ! qui suis-je donc, moi ? Vous ! . . . vous en êtes le Doyen*, lui répondit *Dumont*.

Je suis, Monsieur, &c.

LETTRE XI.

Sur la Tragédie de Sémiramis.

CEtte Tragédie, Monsieur, n'eut pas, à sa naissance, tout le succès qu'elle méritoit. Une nuée de Critiques s'éleva, de tous côtés, contre les tableaux qui y sont étalés, contre l'ombre de *Ninus*, contre la mort de *Sémiramis* au fond du tombeau, &c. La reprise en fut plus heureuse : l'impression acheva d'en faire sentir le mérite ; & tout le monde enfin lui rendit une égale justice. Aussi faut-il convenir que M. *de Voltaire* y a, presque partout,

De fon puiffant génie imprimé la grandeur ;

felon l'expreffion dont il fe fert en parlant des magnifiques jardins de *Sémi-*
ramis à Babilone ; & que, s'il fe trouve quelques défauts dans cet Ouvrage, ils font bien rachetés par l'éclat des
beautés dont il eft tout rempli.

Le fujet eft terrible & effrayant.

. . . Il eft donc des forfaits
Que le courroux des Dieux ne pardonne
jamais !

Après quinze ans de victoires, de
magnificence & de bonheur, *Sémiramis*
eft livrée aux remords d'un crime, fi
long-tems oublié, & qui paraiffait l'ê-
tre par le Ciel même. Un Spectre
la pourfuit ; des cris douloureux fortis
du fond des tombeaux appellent la
vangeance ; elle ne retrouve quelques
inftans de paix que dans un amour in-
ceftueux. L'ombre de *Ninus* fort des
Enfers en préfence de tous les Grands
du Royaume, pour empêcher cet horrible mariage : un parricide ordonné
par les Dieux, & conduit par eux-mê-
mes, eft la punition d'un parricide.
Voilà le fond de cette Tragédie.

D'un autre côté, une Reine puif-
fante a pour Miniftre le complice de

fon crime fecret ; elle le hait , & eſt
obligée de le ménager : elle a toujours
ſu mettre un frein à ſon ambition , &
eller conſerve, au milieu de ſes terreurs,
cette même force d'eſprit. Ce Miniſ-
tre factieux tâche de ſoulever les Peuples contre le Gouvernement d'une
Femme : il veut épouſer l'Héritiére du
Royaume , pour s'appuyer de ſes droits.
Un jeune Guerrier qui fait la gloire
de l'Empire , apporte à la Cour la même franchiſe que dans les Camps : il
s'agit de donner un Maître à un Etat
vaſte & floriſſant : voilà la partie politique de cet Ouvrage ; celle qui a
fourni les plus grandes beautés de détail ; car c'eſt principalement par-là
que brille cette Tragédie , dont les trois
derniers actes égalent peut-être tout ce
que l'Auteur a produit de meilleur en
ce genre.

Vous admirerez , je crois , Monſieur , comme moi , ces Vers ſimples
en apparence , mais d'une vérité ſi gé-
nérale :

> La Renommée, *Arſace ,* eſt ſouvent
>   bien trompeuſe ;
> Et peut-être avec moi bien-tôt vous
>   gémirez ,
> Quand vous verrez de près ce que vous
>   admirez.

Ailleurs on nous envie; ici nous gé-
missons.

On dit de *Sémiramis* :

De ses chagrins mortels son Esprit dé-
gagé
Souvent reprend sa force ,& sa splendeur
première :
J'y revois tous les traits de cette ame si
fiére ,
A qui les plus grands Rois , sur la Terre
adorés ,
Même par leurs flâteurs , ne sont pas
comparés.

Voici un morceau qui peint la Cour
au naturel. *Arsace* est sur la Scène ,
avec *Mitrane* son Confident. *Assur* y
entre : *Mitrane* s'approche précipitamment d'*Arsace* , pour le prévenir en
ces termes :

Des Rois de Babilone *Assur* tient sa
naissance :
Sa fiére autorité veut de la déférence.
La Reine le ménage ; on craint de l'of-
fenser ;
Et l'on peut, sans rougir , devant lui
s'abaisser.

On aime à voir des Courtisans lire
dans les yeux de leur Souveraine, comme fait *Azéma* dans ces Vers :

Si déja de la Cour mes yeux ont quelque usage,

La Reine hait *Assur*, l'observe, le ménage ;
Ils se craignent l'un l'autre, & tout prê ↴
 d'éclater,
Quelque intérêt secret semble les arrêter.

Assur, parlant ainsi de *Sémiramis*,
découvre son propre cœur :

 C'est en vain que flattant l'orgueil de
  ses appas,
 J'avois cru, chaque jour, prendre sur
  sa jeunesse,
 Cet heureux ascendant que les soins, la
  souplesse,
 L'attention, le tems, savent si bien
  donner
 Sur un cœur sans dessein facile à gou-
  verner :
 Je connus mal cette ame infléxible &
  profonde :
 Rien ne la put toucher que l'Empire du
  Monde :
 Elle en parut trop digne ; il le faut
  avouer :
 Je suis, dans mes fureurs, contraint à la
  louer.
 Je la vis retenir, dans ses mains assurées,
 De l'Etat chancelant les rênes égarées ;
 Appaiser le murmure, étouffer les com-
  plots,
 Gouverner en Monarque, & combattre
  en Héros.
 Je la vis captiver & le Peuple & l'Armée :
 Ce grand art d'imposer, même à la Re-
  nommée,

Fut l'art qui fous fon joug enchaîna les
Efprits.

L'Univers à fes pieds demeure, encor
furpris.

Que dis je ? fa beauté, ce flatteur avantage,

Fit adorer les loix qu'impofa fon courage ;

Et quand, dans mon dépit, j'ai voulu
confpirer,

Mes Amis confternés n'ont fu que l'admirer.

Mais le charme eft rompu ; ce grand
pouvoir chancelle :

Son génie égaré femble s'éloigner d'elle.

Sémiramis enfin va céder une fois.

Mais, peut-être, après tout, quand je
crois la furprendre,

J'ai laffé ma fortune, à force de l'attendre :

C'eft dans la Scène fuivante que *Sémiramis* lui dit :

Si quelqu'un pût prétendre au nom de
mon Epoux,

Cet honneur, je le fais, n'appartenoit
qu'à vous :

Vous deviez l'efpérer ; mais vous pûtes
connaître,

Combien *Semiramis* craignoit d'avoir un
Maître :

Je vous fis, fans former un lien fi fatal,

Le fecond de la Terre & non pas mon
égal :

C'étoit affez, Seigneur, & j'ai l'orgueil
   de croire
Que ce rang auroit pu fuffire à votre
   gloire.

Dans le Monologue qui fuit, où *Affur* fe flatte, fur un mot, que *Sémiramis* va le nommer fon Epoux, il dit :

   Ce que n'ont pu mes foins & nos communs forfaits,
   L'hommage dont jadis je flattai fes attraits,
   Mes brigues, mon dépit, la crainte de fa chûte,
   Un Oracle d'Egypte, un Songe l'exécute.
   Quel pouvoir inconnu gouverne les Humains !
   Que de faibles refforts font d'illuftres deftins !

Prête à choifir *Arface* pour fon Epoux, la Reine dit :

   Seule en proye aux chagrins qui venoient m'allarmer,
   N'ayant autour de moi rien que je pûffe aimer,
   Sentant ce vuide affreux de ma grandeur fuprême ;
   M'arrachant à ma Cour & m'évitant moi-même ;
   J'ai cherché le repos dans ces grands monumens,

D'une ame qui se fuit, trompeurs amu-
    semens.
Le repos m'échappoit : je sens que je le
    trouve :
Je m'étonne en secret , du charme que
    j'éprouve :
Arface me tient lieu d'un Empire & d'un
    Fils ,
Et de tous mes travaux & du monde
    soumis.

Le détail de tant de beautés m'en-
traîneroit insensiblement, Monsieur ,
au-delà des bornes d'une Lettre. Je
citerai cependant encore deux traits
que je ne saurois me résoudre à passer
sous silence. Vous pensez bien que je
n'oublierai pas surtout ce trait sublime
& comparable à ce que *Corneille* a de
plus beau , & *Racine* de plus passionné.

Le Grand-Prêtre *Oroès* apprend à
Sémiramis dont on connaît déja la
passion pour *Arface ,* que les Sacri-
fices que ce Guerrier a fait aux Dieux
leur sont agréables. Oui , dit *Oroès.*
. . . Ces dons leur sont chers ; *Arface* a su
    leur plaire.
Je le crois , répond simplement *Sémi-*
ramis.

M. *de Voltaire* prépare aussi l'apparition de l'ombre de *Ninus ,* par ces
Vers admirables :

SÉMIRAMIS *au Grand-Prêtre.*

Quel pouvoir a brifé l'éternelle barriére
Dont le Ciel fépara l'Enfer & la lumiére?
D'où vient que les Humains, malgré
  l'arrêt du fort,
Reviennent à mes yeux du féjour de la
  mort?

OROE'S.

Du Ciel, quand il le faut, la Juftice
  fuprême
Sufpend l'ordre éternel établi par lui-
  même:
Il permet à la mort d'interrompre fes
  loix,
Pour l'effroi de la Terre & l'exemple des
  Rois.

Après avoir applaudi dans cette Piéce
tant de chofes qui méritent de l'ê-
tre, j'en ferai plus hardi à relever quelques défauts qu'on lui reproche.

1°. Il n'y régne pas un intérêt également foutenu : les amours d'*Arface* &
d'*Azéma* le refroidiffent un peu. D'ailleurs, fi *Sémiramis* a trop de remords,
pour être odieufe, elle eft auffi trop
criminelle, pour être abfolument touchante ; cependant la Scène de la reconnaiffance entr'elle & *Ninias*, attendrit toujours infiniment, & arrache
des larmes aux Spectateurs même les
plus infenfibles.

2°. *Sémiramis* va nommer *Arface*
fon Epoux devant tous les Ordres de
fon Royaume, fans l'avoir confulté.
L'Auteur a prévû ce défaut; & il a
fenti le befoin d'une Scène entre
Sémiramis & *Arface*; mais la Reine, toujours trompée fur des mots, fe
croit l'objet de l'amour d'*Arface*; le
mot fatal eft éludé, & ce n'eft que fur
cette fubtilité ingénieufe qu'eft fondé
le principal intérêt de l'affemblée des
Ordres de l'Etat.

3°. Cette Tragédie eft remplie de
prodiges : des cris formidables fe font
entendre du fond des tombeaux; une
ombre fort des Enfers; & cela paraît
puérile & révoltant aux yeux de ces
Cenfeurs rigoureux, toujours prêts à
fe liguer contre ce qui n'eft pas d'ufage.
Pour moi, Monfieur, je fuis bien loin
de penfer comme eux, & je crois, avec
beaucoup de gens raifonnables & Connaiffeurs, que, dans un Drame, le
Merveilleux n'eft un défaut que lorfqu'il
eft amené fans art & fans préparation;
& furtout, lorfqu'il n'eft pas foutenu
par cet appareil majeftueux & cette
pompe de ftyle qui doivent faire naître & nourrir l'illufion. Or ce défaut
ne régne pas dans la Tragédie de *Sé-*

miramis : tout y eſt préparé, ménagé & conduit, d'un bout à l'autre, avec un art infini; la diction en eſt pleine de nobleſſe, de force & d'harmonie; on y voit briller ſans ceſſe des étincelles de ce feu Poëtique qui enléve preſque toutes les réfléxions ; & le ſtyle a partout enfin cette grandeur impoſante qu'a ſu employer à propos, en pareil cas, l'illuſtre Auteur de *Phédre* & d'*Athalie.*

Je ſuis, Monſieur, &c.

LETTRE XII.

Sur la Comédie de Nanine, ou le Préjugé vaincu.

NAnine, Monſieur, eſt une Comédie d'un genre ſingulier. Que d'eſprit dans le Dialogue ! Que de vérité dans le Sujet ! Le Comte d'*Olban*, qui en eſt le Héros, épouſe *Nanine* fille d'un Soldat & femme de Chambre. La morale de cette Piéce ne fut pas d'abord goûtée de tout le monde : quelques perſonnes crurent que M. *de Voltaire* vouloit prouver, qu'il n'y

avoit point de diſtinction entre les
hommes, qu'ils étoient tous égaux ; &
l'on ne manqua pas de dire, que toutes les Griſettes lui devoient un re-
merciment. Ce n'eſt cependant point là
du tout , Monſieur , la morale de cette
Comédie à laquelle M. *de Voltaire* a
auſſi donné le titre du *Préjuge vaincu ,*
ou de l'*Homme ſans Préjugé.* Cet Ecrivain a ſeulement prétendu que les ames
belles & vertueuſes ſont égales entr'elles : il a établi entre les hommes une
diſtinction, mais plus réelle que celle
des titres & des blaſons. Sa *Nanine*
fille d'un Soldat & femme de Chambre n'eſt point d'une condition égale
ſans doute à celle du Comte d'*Olban* ;
mais *Nanine*, belle, ſpirituelle & ſurtout vertueuſe , eſt égale au Comte
d'*Olban* , homme d'eſprit & honnête-
homme. L'Auteur convient de la différence des états ; il n'admet d'égalité
que celle qui ſe trouve dans les caractéres ; & bien loin de confondre tous
les hommes dans la même claſſe, &
que les Griſettes lui doivent un remer-
ciment ; il rabaiſſe les ſots , de quelque rang qu'ils ſoient, & ce ſont les hon-
nêtes-gens & les gens qui penſent qui
doivent le remercier. Il s'en faut donc

bien , que la morale de ſa Piéce ſoit
répréhenſible : c'eſt au contraire le
plus bel éloge que l'on puiſſe faire d'un
eſprit juſte & vertueux ; car je penſe
que la vertu appartient , en beaucoup
de choſes , à l'eſprit , quoiqu'en diſent
communément nos Raiſonneurs modernes.

Le Dialogue de *Nanine* a un caractére particulier : il eſt plein de penſées , qui ſont , tout à la fois , fines ,
délicates & naturelles : les moindres
mots y ſont ingénieux & paſſionnés.
Jugez-en , Monſieur , par ce fragment
de la ſeptiéme Scène du premier acte
entre le Comte & *Nanine :*

LE COMTE.

Quoi ! vos beaux yeux ſemblent mouillés
   de larmes !
Ah ! je le vois ; jalouſe de vos charmes ,
Notre Baronne aura , par ſes aigreurs ,
Par ſon courroux , fait répandre vos
   pleurs.

NANINE.

Non , Monſieur , non. Sa bonté reſ-
   pectable
Jamais pour moi ne fut ſi favorable ;
Et j'avouerai qu'ici tout m'attendrit.

LE COMTE.

Vous me charmez ; je craignois ſon dépit.

NANINÉ

Hélas ! pourquoi ?

LE COMTE.

Jeune & belle *Nanine*,
La jaloufie en tous les cœurs domine.
L'homme eft jaloux dès qu'il peut s'en-
    flammer :
La femme l'eft même avant que d'aimer.
Un jeune objet, beau, doux, difcret,
    fincére,
A tout fon féxe eft bien fûr de déplaire.
L'homme eft plus jufte, & d'un féxe
    jaloux
Nous vous vangeons autant qu'il eft en
    nous.
Croyez furtout que je vous rends juf-
    tice :
J'aime ce cœur qui n'a point d'artifice :
J'admire encore à quel point vous avez
Développé vos talens cultivés :
De votre efprit la naïve juftelle
Me rend furpris autant qu'il m'intérelle.

NANINE.

J'en ai bien peu : mais, quoi ! je vous
    ai vû ;
Et je vous ai, tous les jours entendu !
Vous avez trop relevé ma naiffance :
Je vous dois trop ; c'eft par vous que je
    penfe.

LE COMTE.

Ah ! croyez-moi : l'efprit ne s'apprend
    pas.

NANINE.

Je pense trop, pour un état si bas :
Au dernier rang les destins m'ont com-
  prise.

LE COMTE.

Dans le premier vos vertus vous ont
  mise, &c.

Les hommes, il est vrai, ne par-
lent pas ordinairement de même entr'eux ; & ce n'est point le langage que
Moliére a fait tenir à ses Personnages ;
mais il faut considérer que c'est ici la
conversation même de M. *de Voltaire* ;
que c'est son propre esprit. Les deux
Personnages qu'il a introduits sur laScè-
ne ne se trouvent pas communément
dans le monde : *Nanine* & *Olban* sont
seulement deux caractéres vraisembla-
bles ; & ils doivent conséquemment
parler, ainsi que l'Auteur les fait parler
dans cette Piéce.

Je ne trouve donc à critiquer, dans
Nanine, qu'un seul défaut essentiel :
l'événement de la Piéce roule sur une
Lettre que *Nanine* écrit à son pere,
du même style qu'elle l'écriroit à un
amant. Ce défaut est, à peu près, le
même dans *Zaïre* ; mais, par les cir-
constances, il est ici beaucoup plus cho-

quant. *Nanine* doit confulter fon pere ; & elle fe borne à lui faire des pro-
teftations de tendreffe. En un mot, je
voudrois, dans cette Comédie, s'il eft
permis de parler ainfi, un autre ref-
fort & le même jeu ; car en dépit des
Sots & des Envieux, il ne lui man-
que que cela pour qu'elle foit excellente.

Je ne fais trop pourquoi M. *de Voltaire* a fait, Monfieur, dans la Préface de cette Piéce ,une efpéce d'Apologie du *Comique Larmoyant. Nanine* me
paraît une vraie critique de M. *de la
Chauffée:* c'eft une Comédie où il y a des
endroits touchans ; & l'on fait que cela eft très-permis : il y a un endroit ;
dans *Arlequin Sauvage* , qui fait ver-
fer des larmes ; mais, il s'en faut, de
beaucoup, que *Nanine* ne foit une *Mélanide.*

Je fuis, &c.

LETTRE XIII.

Sur la Tragédie d'Orefte.

AVant que M. *de Crébillon* , Monfieur, nous eût donné fa Tragédie *d'E-*

lectre, ce Sujet vraiment grand & tragique manquoit à notre Scène. On n'avoit point encore ofé mettre fur notre Théâtre des Enfans haïs & perfécutés par leur mere, qui ne respirent que la vangeance ; *Orefte* affaffinant *Clitemneftre*, & fa fœur *Electre* l'encourageant au moment qu'il poignarde fa mere, & lui criant d'être infenfible à fes cris, & de redoubler fes coups. On admire pourtant, fur cette même Scène où l'on craint tant la faibleffe des Spectateurs, le cinquiéme acte de *Rodogune* qui n'offre peut-être pas un Spectacle moins terrible. Pourquoi craindre, en effet, de repréfenter un crime, qui, rare heureufement, fe trouve cependant quelquefois dans nos mœurs ? On en fait plus d'une Hiftoire ; & même, à peu près dans le tems que M. *de Voltaire* fit jouer fon *Orefte*, un fils avoit tout récemment donné trois coups de coûteau à fa mere, qui n'en étant point morte, & ayant été confrontée, depuis, avec fon affaffin, par un effort fingulier de l'amour maternel, le renia pour fon fils, afin de diminuer l'atrocité de fon crime & de fon fupplice.

Il eft vrai, Monfieur, qu'il a fallu

que M. *de Voltaire* employât de grandes reſſources, pour hazarder une telle
action. Au lieu de charger, ſa Piéce à
l'exemple de ſon Prédéceſſeur, d'une
double intrigue amoureuſe qui en dé-
figure & en abſorbe le véritable Sujet,
il a ſuivi *Sophocle* autant qu'il lui a
été poſſible, & a tâché, comme lui,
de tirer tout de ſon Sujet même : mais
n'ayant pas, ainſi que le Poëte Grec,
la liberté de faire des actes d'une extrême brieveté, & même d'une ſeule Scène, il a été obligé, pour remplir ſes
cinq actes, de recourir à des incidens,
qui ont nui quelquefois à cette ſim-
plicité dont il loue avec raiſon le mérite dans ſa Préface. Il a donc employé
un premier acte tout entier à tracer le
tableau de l'état où ſont les choſes,
avant l'arrivée d'*Oreſte* ; & il a ren-
voyé, au ſecond acte, cette belle expoſition de *Sophocle*, que ceux même
qui ne connaiſſent pas *Sophocle*, ſont
fâchés de voir au ſecond acte, parce
qu'on ſent que ce n'eſt point-là ſa place
naturelle. *Oreſte*, au quatriéme acte, paſſe
pour le meurtrier d'*Oreſte* lui-même :
Electre vient, un poignard, à la main,
pour vanger ſon frere ſur ſon frere
même : elle ſe ſent arrêtée par le cri

du cœur ; c'eſt , à ce mouvement ſeul , qu'elle le reconnaît ; & afin de retarder la reconnaiſſance juſqu'à cette Scène , le Poëte a ſuppoſé une défenſe expreſſe que les Dieux ont faite à *Oreſte* , de ſe découvrir à ſa ſœur ; mais , cette défenſe oubliée auſſi-tôt qu'elle a été violée , ne contribue point aſſez à l'action de la Piéce , & ne ſert guéres qu'à l'allonger.

Ces obſervations n'empêchent pas , Monſieur , que l'*Oreſte* de M. *de Voltaire* ne ſoit une des Tragédies les plus ſimples & les mieux conduites. L'intérêt en eſt ſoutenu : toutes les Scènes en ſont bien liées ; & le dénouement en eſt frappant , pathétique & bien préparé par les caractéres admirablement tracés de *Clitemneſtre* & d'*Electre* : ceux d'*Oreſte* & de *Pilade* ne méritent pas moins d'éloges : la verſification enfin , à quelques longueurs & quelques négligences près , n'en eſt pas inférieure à celle des meilleurs Ouvrages de l'Auteur : ſon génie heureux y a ſouvent répandu les plus grandes beautés : ſes fautes même en produiſent. Par exemple , ſur la défenſe que les Dieux ont faite à *Oreſte* de ſe découvrir à ſa ſœur , *Oreſte* s'écrie :

Pourquoi nous impofer, par des loix
  inhumaines,
Et des devoirs nouveaux & de nouvelles peines ?
Les Mortels malheureux n'en ont-i's pas
  affez ?
Sous des fardeaux fans nombre ils vi-
  vent terraffez.
A quel prix, Dieux puiffans, avons-
  nous reçû l'être ?
N'importe : eft-ce à l'Efclave à condamner fon Maître ?
    Obéiffons, &c.

On aime à entendre *Clitemneftre* fe
dire, dans un Monologue :

Ah! quelle deftinée & quel affreux fupplice,
De former de fon fang ce qu'il faut
  qu'on haïffe !
De n'ofer prononcer, fans des troubles
  cruels,
Les noms les plus facrés, les plus chers
  aux Mortels !
Je chaffai de mon cœur la nature ou-
  tragée :
Je tremble, au nom d'un Fils ; la nature
  eft vangée.

Je fuis, Monfieur, &c.

LETTRE

LETTRE XIV.

Sur la Tragédie de Catilina *ou* Rome
fauvée.

LEs Connaiffeurs regardent cette
Tragédie, Monfieur, comme une des
Piéces de M. *de Voltaire* les mieux
dialoguées & les plus réguliéres. Le
plan, les raifonnemens, la conduite,
le ftyle, tout en eft excellent : ce Sujet
eft traité d'une maniére auffi intéreffante
que puiffe l'être un Sujet de conjuration.
L'expofition en eft noble, l'intrigue
bien développée, & le dénoûment
auffi bien amené que convenable & fatif-
faifant. Il feroit feulement à fouhaiter
que l'Auteur eût pû fe paffer du rôle
d'*Aurélie* : ce rôle ne pouvant être que
fubalterne, me paraît déplacé dans une
Tragédie de l'efpéce de celle-ci.

Quant aux principaux caractéres de
Rome fauvée, tout le mo de convient,
Monfieur, qu'ils font fid.l ent & parfaitement tracés. Quelle force & quelle
vérité dans les tableaux de *Catilina*,
de *Ciceron* & de *Céfar* ! Le rôle de ce
dernier, quoique court, eft tout-à-fait

héroïque & de la plus grande beauté. La troisiéme Scène du second acte entre lui & *Catilina* peut être mise en parallèle avec les plus belles de *Corneille* : la cinquiéme Scène du premier acte, entre *Cicéron* & ce même *Catilina*, n'est pas moins admirable : *Cicéron* lui-même n'eût pû s'exprimer plus éloquemment ; vous allez en juger, Monsieur ; voici cette Scène presque toute entiére.

CICERON.

Avant que le Sénat se rassemble à ma
   voix,
Je viens, *Catilina*, pour la derniére fois,
Apporter le flambeau sur le bord de
   l'abîme,
Où votre aveuglement vous conduit par
   le crime.

CATILINA.

Qui, vous ?

CICERON.
Moi.

CATILINA.

C'est ainsi que votre inimitié....

CICERON.

C'est ainsi que s'explique un reste de
   pitié.
Vos cris audacieux, votre plainte frivole
Ont assez fatigué les murs du Capitole.

Vous feignez de penſer que Rome & le
    Sénat

Ont avili dans moi l'honneur du Con-
    ſulat.

Concurrent malheureux à cette Place
    inſigne,

Votre orgueil l'attendoit; mais en étiez-
    vous digne ?

La valeur d'un Soldat, le nom de vos
    Ayeux,

Ces prodigalités d'un jeune Ambitieux;

Ces jeux & ces feſtins qu'un vain luxe
    prépare,

Étoient-ils un mérite aſſez grand, aſſez
    rare

Pour vous faire eſpérer de diſpenſer
    des loix

Au Peuple ſouverain qui régne ſur les
    Rois?

A vos prétentions j'aurois cedé peut-
    être,

Si j'avois vû dans vous ce que vous de-
    viez être.

Vous pouviez de l'Etat être un jour le
    ſoutien ;

Mais pour être Conſul, devenez Ci-
    toyen.

Penſez-vous affaiblir ma gloire & ma
    puiſſance,

En décriant mes ſoins, mon état, ma
    naiſſance ?

Dans ces tems malheureux, dans nos
    jours corrompus,

Faut-il des noms à Rome ? Il lui faut des
    vertus.

Ma gloire (& je la dois à ces vertus
    ſevéres)   D ij

Eft de ne rien tenir des grandeurs de
    mes Peres.
Mon nom commence en moi ; de votre
    honneur jaloux,
Tremblez que votre nom ne finiffe dans
    vous.

CATILINA.

Vous abufez beaucoup, Magiftrat d'u-
    ne année,
De votre autorité paffagére & bornée.

CICERON.

Si j'en avois ufé, vous feriez dans les
    fers ;
Vous , l'éternel appui des Citoyens
    pervers ;
Vous, qui de nos Autels fouillant les
    priviléges ,
Portez jufqu'aux lieux Saints vos fureurs
    facriléges.

Vous avez corrompu tous les dons pré-
    cieux ,
Que, pour un autre ufage, ont mis en
    vous les Dieux.
Courage, adreffe, efprit, grace, fierté
    fublime ,
Tout, dans votre ame aveugle, eft
    l'inftrument du crime.
Je détournois de vous des regards pa-
    ternels
Qui veilloient au deftin du refte des
    Mortels.
Ma voix que craint l'audace & que le
    faible implore ,

Dans le rang des *Verres* ne vous mit
   point encore :
Mais devenu plus fier par tant d'impu-
   nité ,
Jufqu'à trahir l'Etat, vous avez attenté.

Les Coupables foutiens de ces complots
   atroces ,
Les Rebelles , font tous vos Partifans
   fecrets :
Partout le nœud du crime unit vos intérêts.
Ah ! fans qu'un jour plus grand éclaire
   ma juftice ,
Sachez que je vous crois leur Chef ou
   leur Complice.

Vous n'avez vû dans moi qu'un Rival
   de grandeur :
Voyez-y votre Juge & votre Accufa-
   teur ,
Qui va , dans un moment , vous for-
   cer de répondre
Au Tribunal des loix qui doivent vous
   confondre ,
Des loix qui fe taifoient fur vos crimes
   paffés ,
De ces loix que je vange & que vous
   renverfez.

CATILINA.

Je vous ai déjà dit, Seigneur , que votre Place
Avec *Catilina* permet peu cette audace ;
Mais je veux pardonner des foupçons fi
   honteux ,
En faveur de l'Etat que nous fervons
   tous deux.   D iij

Je fais plus ; je refpecte un zèle infati-
gable,
Aveugle, je l'avoue, & pourtant efti-
mable.
Ne me reprochez plus tous mes égaremens,
D'une ardente Jeuneffe impétueux Enfans :
Le Sénat m'en donna l'exemple trop
funefte :
Cet emportement paffe, & le courage
refte.
Ce luxe, ces excès, ces fruits de la grandeur,
Sont les vices du tems, & non ceux de
mon cœur.
Songez que cette main fervit la République ;
Que Soldat en Afie & Juge dans l'A-
frique,
J'ai, malgré nos excès & nos divifions,
Rendu Rome terrible aux yeux des Nations.
Moi ! je la trahirois, moi, qui l'ai fu
défendre ?

CICERON.

Marius & *Silla,* qui la mirent en cendre,
Ont mieux fervi l'Etat & l'ont mieux
défendu.
Les Tirans ont toujours quelque ombre
de vertu ;
Ils foutiennent les loix, avant de les
abattre.

Je n'en citerai pas davantage : plus

on lit attentivement *Rome fauvée*, & plus on y découvre de beautés mâles & fublimes. Le brillant coloris, la force de l'expreffion, l'élévation des fentimens, la jufteffe des penfées, & la vérité du dialogue, tout contribue à mettre cet Ouvrage au rang des meil-leurs Poëmes de M. *de Voltaire.*

D'où vient donc cette Piéce, mal-gré tant d'avantages, Monfieur, pro-duit-elle un effet médiocre au Théâtre? C'eft, qu'en général, ces fortes de Su-jets nous intéreffent fort peu ; c'eft que le fentiment qu'excite *Rome fauvée,* eft celui de l'admiration plutôt que tout autre ; & que les Ouvrages Dramati-ques, uniquement faits pour être admi-rés, n'auront jamais fur notre Scène, un fort auffi heureux que ceux où l'on s'attendrit : d'ailleurs, les repréfenta-tions de *Rome fauvée* attireront tou-jours fort peu de Femmes, & ce font elles qui font, parmi nous, le deftin des Piéces de Théâtre. Voilà, fans doute, pourquoi l'on joue, trop rare-ment, cette Tragédie.

Je fuis, Monfieur, &c.

LETTRE XV.

Sur la Tragédie d'*Amélie* ou le *Duc de Foix.*

CEtte Tragédie, Monſieur, avoit déjà été repréſentée en 1734, ſous le titre d'*Adélaïde du Gueſclin* : elle eut alors un ſort ſi malheureux, qu'à peine fut-elle écoutée. Ce qui contribua le plus à cette chûte, c'eſt qu'*Adélaïde* paraiſſoit immédiatement après une brochure intitulée ; *le Temple du Goût*, que l'Auteur venoit de publier, Ouvrage charmant qui ne plut pas d'abord à quantité de gens, à cauſe de quelques jugemens qu'on trouvoit alors faux ou legérement hazardés: on a changé d'avis depuis ; & *le Temple du Goût* a maintenant autant de réputation que les meilleures Piéces fugitives de M. de *Voltaire*. *Adélaïde* fut retirée à la premiére repréſentation : l'Auteur y ayant fait quelques retranchemens & quelques heureuſes corrections, la fit rejouer huit ou dix jours après ; elle eut onze repréſentations aſſez nombreuſes ; enſuite il jugea à propos de la retirer entiérement, & ne la fit point imprimer.

On ne fe souvenoit donc prefque plus de cet Ouvrage, lorfque M. *de Voltaire* le jugeant, avec raifon, digne d'être repris, le fit reparaître au Théâtre avec fuccès, en 1752, après y avoir fait un grand nombre de corrections nouvelles. Le tems & le lieu de ia Scène en avoient été changés. A *Vendôme* Prince de la Maifon de BOURBON qui étoit autrefois le Héros de la Piéce, l'Auteur avoit fubftitué le Duc *de Foix*, defcendant de *Clovis*; *Lifois*, à *Coucy*; & à *Adelaïde du Guefclin*, *Amélie de Comminge*.

Toute cette Tragédie, Monfieur, eft fondée fur deux caractéres nouveaux & heureux. On y voit, d'un côté, un jeune Prince, à qui la Nature a donné, felon fon expreffion, *un cœur tout de flâme*, entraîné par les paffions les plus vives & les plus impétueufes, capable de cous les crimes dans un premier mouvement, & de toutes les vertus, par réflexion : de l'autre côté, un Ami fage & vertueux qui facrifie jufqu'à fon amour ; qui tâche de ramener fon ami dans le devoir, en même-tems qu'il le fuit dans fa faute ; qui fait employer, pour l'y ramener,

jufqu'à fes paffions même ; qui paraît
céder , quand il voit qu'il les irrite-
roit, en les combattant ; & qui, fau-
vant, par-là même, un crime à fon ami,
le rend à la vertu, à la gloire & à la
Nature, Un heureux défaut dans cette
Piéce , fi c'en eft un , c'eft que la beauté du fecond Perfonnage femble affaiblir celle du premier. Voici quel eft,
en fubftance, le fond de ce Poëme.

Le Duc *de Foix* ne pouvant ployer
fous le joug de *Pepin*, Maire infolent,
a levé l'étendart de la révolte, & a fait
alliance avec les Sarrazins : il a retiré,
de leurs mains, *Amélie* qu'ils emme-
noient Captive, & a conçu l'amour le
plus violent pour cette jeune & belle
Princeffe, qui ne lui répond que par des
fentimens de reconnaiffance. *Lifois*,
qui avoit été long-tems amoureux d'*A-
mélie*, oublie fon amour, dès qu'il
apprend que fon ami l'aime, & il ne
fonge plus qu'à rendre le Duc *de Foix*
à la France , par fa paffion même, La
reffemblance des difcours d'*Amélie* &
de *Lifois* donne des foupçons au malheureux Duc de *Foix*, & occafionne entr'eux une trés-belle Scène de juftification : mais, dans le moment que celui-ci fe réfout à rompre fon alliance

avec les Maures, on vient annoncer, qu'une Armée Française se prépare à attaquer la Ville : on court au Combat : le Chef des Ennemis est pris ; c'est *Vamir* frere du Duc *de Foix*, & Amant chéri d'*Amélie* : M. *de Voltaire* a su tirer le plus grand parti de cette situation. Le Duc désespéré, surprend *Amélie*, au moment qu'elle va s'échapper, & qu'elle fait à *Vamir* les plus tendres adieux : *Vamir* est arrêté ; & dans les transports de jalousie & de fureur de son frere, il est condamné à mort. *Lisois*, voyant qu'il ne peut appaiser son Chef, se charge de cet ordre qu'il fait croire exécuté. Le sang-froid & la réflexion livrent bien-tôt le Duc *de Foix* au repentir le plus vif ; ce qui donne lieu à un Monologue admirable, tant pour la Poësie du style, que pour la justesse du pinceau de l'Auteur dans la peinture intéressante du combat de la nature & des passions : mais grace à *Lisois*, *Vamir* est plein de vie ; & le Duc *de Foix*, revenu de son égarement, promet de faire sa paix avec le Roi, & se punit lui-même de l'atrocité de son crime, par le sacrifice d'*Amélie*.

Ce Sujet, comme vous le voyez,

Monsieur, est simple & naturel, &
cependant plein de situations & de passions. L'exposition & le nœud de la
Piéce sont remplis de clarté ; les événemens bien liés , le dénoûment
amené avec art & très-satisfaisant : il
y a même de l'intérêt ; mais cet intérêt n'est peut-être pas poussé aussi loin
qu'il auroit pu l'être : il ne commence
qu'au troisiéme acte. On est peu cu-
rieux de savoir, si le Duc *de Foix* rompra, ou non, son alliance avec les Maures. Le grand mérite de cet Ouvrage
consiste dans la peinture pathétique des
passions, & surtout dans celle d'un sage
& véritable Ami : ce caractére admirable & neuf au Théâtre fait honneur
au génie de M. *de Voltaire* , & augmente, s'il est possible, sa juste réputation. Le Personnage du Duc *de Foix*
est aussi très-bien soutenu & pris dans
la Nature. C'est ainsi qu'aiment la plûpart des Princes, ils veulent que rien
ne leur résiste. Pour *Vamir*, il n'est
grand que dans l'Avant - Scène, &
n'est, dans la Piéce, qu'un Amant ordinaire. Enfin, si le rôle d'*Amelie* n'é-
toit pas un peu froid & monotone,
cette Tragédie égaleroit les meilleures
Piéces de son illustre Auteur : cepen-

dant, malgré ce défaut, on la reverra toujours avec beaucoup de plaifir; car le ftyle en eft enchanteur, & la diction noble, fimple, éloquente & fouvent même fublime. Peut-être M. *de Voltaire* n'a-t'il point fait de plus beaux Vers que ceux de ce Drame : on y trouve partout un coloris, une pureté, une élégance, une harmonie qui ne fe démentent jamais. Il femble que l'Auteur, dans cette Piéce, en introduifant des Français fur la Scène, ait affecté de les faire parler avec le ton naturel de nos converfations : c'eft pour cela, que quelques perfonnes en trouverent d'abord la verfification faible, lorfqu'elle n'étoit, en effet, que douce & polie : elle eft, d'ailleurs, pleine de penfées neuves, vraies, ingénieufes & profondes. Quelques morceaux pris, au hazard, en fourniront une preuve évidente & fenfible.

Lifois dit, en parlant du Duc *de Foix,* à *Amélie* :

> Je n'approuvai jamais la fatale alliance
> Qui le foumet au Maure & l'enléve à
>   la France ;
> Mais, dans ces tems affreux de difcorde & d'horreur,
> Je n'ai d'autre parti que celui de mon
>   cœur.

Non que pour ce Héros mon ame pré-
venue
Prétende à ſes défauts fermer toujours
ma vûe :
Je ne m'aveugle pas; je vois avec douleur
De ſes emportemens l'indiſcrete chaleur :
Je vois que de ſes ſens l'impetueuſe
ivreſſe
L'abandonne aux excès d'une ardente
jeuneſſe ;
Et ce torrent fougueux, que j'arrête
avec ſoin,
Trop ſouvent me l'arrache & l'emporte
trop loin :
Mais il a des vertus qui rachetent ſes
vices,
Eh ! qui ſauroit, Madame, où placer
ſes ſervices,
S'il ne nous falloit ſuivre ou ne chérir
jamais
Que des cœurs ſans faibleſſe & des Prin-
ces parfaits ?

Et dans un autre endroit, en parlant au Duc lui-même :

.   .   .   Je ne vous flatte pas ;
Mais, en vous condamnant, je ſuivrai
tous vos pas.
Il faut à ſon ami montrer ſon injuſtice ;
L'éclairer, l'arrêter au bord du précipice :
Je l'ai dû ; je l'ai fait, malgré votre cou-
roux :
Vous y voulez tomber, & j'y cours avec
vous.

Amélie ſe défend de preſſer le Duc
de Foix de ſe rendre à la France, par
ces deux Vers charmans :

Eſt-ce à ma faible voix d'annoncer
ſon devoir ?
Je ſuis loin de chercher ce dangéreux
pouvoir.

On pourroit rapporter pluſieurs traits
où le Duc *de Foix* ſe caractériſe très-
bien : en voici quelques-uns :

. . . . . De *Pepin* je crains peu la
colére :
Je déteſte un Sujet qui croit m'inti-
mider ,
Et je mépriſe un Roi qui n'oſe commander.

. . . . Je ne peux fléchir mon caractére.

Mes premiers intérêts ſont mes reſſen-
timens.

Mais le Perſonnage qui fournit le plus
de beautés dans les ſentimens comme
dans les actions, c'eſt toujours celui de
Liſois. Par exemple, en preſſant le Duc
de rompre avec les Sarrazins, il lui dit :

Je prévois que bien-tôt on verra réunis
Les débris diſperſés de l'Empire des Lis :
Chaque jour nous produit un nouvel
Adverſaire ;
Hier le Bearnois, aujourd'hui votre
Frere.
Le pur Sang de Clovis eſt toujours
adoré :

Tôt ou tard , il faudra que de ce tronc
    sacré
Les rameaux divisés & courbés par l'o-
    rage ,
Plus unis & plus beaux soient notre uni-
    que ombrage :

(Métaphore sublime & que les cir-
constances ont dû faire paraître encore
plus frappante & plus juste :)

Vous , placé près du Trône , à ce Trône
    attaché ,
Si les malheurs du tems vous en ont dé-
    taché ,
A des nœuds étrangers s'il fallut vous
    résoudre ,
L'intérêt qui les forme a droit de les
    dissoudre.
On pourroit balancer avec dextérité ;
Des Maires du Palais la fiere autorité.

Vous haïssez un Maire , & votre haine
    est juste ;
Mais ils ont des Français sauvé l'Empire
    auguste ,
Tandis que nous aidons l'Arabe à l'op-
    primer.
Cette triste Alliance a dequoi m'al-
    larmer.
Nous préparons peut-être un avenir
    horrible :
L'exemple de l'Espagne est honteux &
    terrible.

Faut-il que l'amour seul fasse ici vos
    destins ?

Lorſque le grand Clovis , aux champs
  de la Touraine ,
Détruiſit les Vainqueurs de la grandeur
  Romaine ;
Quand ſon bras arrêta, dans nos champs
  inondés ,
Des Ariens ſanglans les torrens dé-
  bordés ,
Tant d'honneurs étoient-ils l'effet de
  ſa tendreſſe ?
Sauva-t'il ſon Pays , pour plaire à ſa
  Maîtreſſe ?

               Je voudrois vous
  guérir.
On connaît peu l'amour ; on craint
  trop ſon amorce :
C'eſt ſur nos paſſions qu'il a fondé ſa
  force ;
C'eſt nous qui , ſous ſon nom , trou-
  blons notre repos :
Il eſt Tiran du faible, Eſclave du Héros.

Toutefois , voyant le Duc perſiſter
dans la réſolution d'épouſer *Amélie ,*
avant de faire ſa paix , *Liſois* ajoute :

Peut-être il eût fallu que ce grand
  changement
Ne fût dû qu'au Héros & non pas à
  l'Amant ;
Mais , ſi d'un ſi grand cœur une Femme diſpoſe ;
L'effet en eſt trop beau, pour en blâmer la cauſe.

(Penſée heureuſe, & qui exprime parfaitement une vérité inconteſtable, qui eſt, que l'amour devient ſouvent dans le cœur d'un Héros la ſource des grandes actions !)

Enfin, dans une Scène, où les deux Freres Rivaux ſont animés l'un contre l'autre, ce même *Liſois* s'écrie :

> Ciel ! faut-il voir ainſi par des caprices vains
> Anéantir le fruit des plus nobles deſſeins ;
> L'amour ſubjuguer tout ; ſes cruelles faibleſſes
> Du Sang qui ſe révolte étouffer les tendreſſes ;
> Des Freres ſe haïr ; & naître, en tous climats,
> Des paſſions des Grands les malheurs des Etats ?

Je ſuis, Monſieur, &c.

LETTRE XVI.

Sur la Tragédie de l'Orphelin de la Chine.

SI la Tragédie de l'*Orphelin* de la *Chine* a quelques défauts, Monſieur, mon intention n'eſt pas de les juſtifier, & encore moins de les dé-

guiſer ; mais je n'imiterai pas non plus
ces Critiques paſſionnés, devant qui
toute beauté s'éclipſe, qui trouvent partout dans un Ouvrage des défauts que
l'on n'y voit point & qui veulent même qu'on ſoit forcé de les y voir comme eux. En vain ces Cenſeurs envieux
ſe ſont-ils attachés ſurtout à dénigrer
les rôles de *Zamti* & de *Gengiskan.*
Malgré la ſubtilité de leurs raiſonnemens, ces deux rôles n'en ſont pas
moins bons.

En effet, Monſieur, les ſentimens
de *Zamti* n'ont rien que de très-con-
forme à la dignité de ſon caractére : il
ne s'agit point ici d'un ſimple Sujet
qui préfére ſon ſalut & celui des ſiens
à l'intérêt ſacré de ſes Rois & de ſa
Patrie : *Zamti* eſt un de ces Sages éclairés, faits pour être l'appui du Pays dont
ils ſont l'exemple, nés pour inſtruire
les Peuples & les Rois tout enſemble,
& dont les vertus ont d'autant plus d'é-
clat, qu'on en attend de plus grands
efforts. Il en eſt, à peu près, des Nations, en général, comme de chaque
homme en particulier. Etat, génie,
climat, loix, coutumes & dignités, tout
a ſes ſituations ainſi que ſes différences.
C'eſt-là ce qu'un œil juſte ne doit ja-

mais manquer de confidérer ; & alors, il verra, fans furprife la générofité de *Zamti*, la fidélité de *Joad*, & la fermeté de *Brutus* : il faura diftinguer *Gengiskan*, de la foule des Barbares qu'il entraîne après lui ; il y verra un vainqueur abfolu prenant la loi des vaincus même ; & cet effort de vertu qui caractérife le Héros, le lui fera voir, fans étonnement, facrifier fa paffion à fa gloire, & confacrer fa puiffance au bonheur de l'humanité : combien d'ailleurs, n'appercevra t'il pas de beautés enchaînées l'une à l'autre, & parfaitement liées à la grandeur de ce Perfonnage ? Pour en concevoir tout le naturel, il ne faut que jetter les regards fur les premiers traits qui l'annoncent : ce n'eft point un Scithe implacable ; ce n'eft point un *Octar* ; c'eft *Gengiskan*, c'eft un grand homme qui parle :

On a (*dit-il*) pouffé trop loin le droit
    de ma conquête,
Que le glaive fe cache & que la mort
   s'arrête.
Je veux que les vaincus refpirent déformais.
J'envoyai la terreur, & j'apporte la paix.

Ceffez de mutiler tous ces grands monumens ;

Ces prodiges des arts , confacrés par les
    tems :
Réfpectez-les , ils font le prix de mon
    courage.
Qu'on ceffe de livrer aux flâmes, au
    pillage ,
Ces Archives des loix , ce vafte amas
    d'écrits , &c.

Ne voit-on pas , à cet abord , tout
ce qu'on peut attendre d'un pareil Conquérant, par ce qu'il eft capable de penfer & de dire ? Se dément-il dans la
fuite ? & fait il moins paraître les fentimens d'un Maître généreux , à travers
le dépit d'un Amant irrité , lorfqu'il dit
à *Idamé* dans le premier moment de
leur entrevue ?

Raffurez-vous ; fortez de cet effroi pref-
    fant.
Ma furprife, Madame, eft égale à la vôtre.
Le deftin qui fait tout , nous trompa
    l'un & l'autre.
Les tems font bien changés ; mais fi l'or-
    dre des Cieux ,
D'un Habitant du Nord méprifable à
    vos yeux ,
A fait un Conquérant fous qui tremble
    l'Afie ,
Ne craignez rien pour vous ; votre Em-
    pereur oublie
Les affronts qu'en ces lieux effuia *Té-*
    mugin.

Quel Héroïfme & quelle humanité
dans un Tartare !

Remarquez, Monfieur, avec quel
art eft enfuite préparé le Sacrifice que
Gengiskan doit faire, par les reproches dont il s'accable lui-même, par
les combats qu'excite fa paffion dans
fon cœur, & par les réfléxions qu'il
oppofe aux fureurs d'*Octar* ? C'eft vainement que ce Scithe lui remet devant
les yeux la férocité de leurs mœurs. Parmi nous, dit celui-ci :

> Les Captives toujours ont fuivi leurs
> 　　Vainqueurs.
> Cette délicateffe importune, étrangére,
> Dément votre fortune & votre caractere.
> Eh ! qu'importe pour vous, qu'une ef-
> 　　clave de plus
> Attende, en gémiffant, vos ordres ab-
> 　　folus ?

Voici la réponfe de *Gengiskan* à *Octar*,
où l'on voit avec fatisfaction, le beau
contrafte de ces deux caracteres :

> Qui connaît mieux que moi jufqu'où va
> 　　ma puiffance ?
> Je puis, je le fais trop, ufer de violence :
> Mais quel bonheur honteux, cruel, em-
> 　　poifonné,
> D'affujettir un cœur qui ne s'eft point
> 　　donné ;
> De ne voir, en des yeux dont on fut
> 　　les atteintes,
> Qu'un nuage de pleurs & d'éternelles
> 　　craintes ;

Et de ne posséder , dans sa funeste ar-
deur,
Qu'une Esclave tremblante à qui l'on
fait horreur !
Les Monstres des Forêts qu'habitent
nos Tartares,
Ont des jours plus sereins, des amours
moins barbares.

C'est dans le tems que son cœur se
livre à ses sentimens, qu'il apprend qu'*I-
damé* & *Zamti* sont déterminés à périr
tous deux , plutôt que de découvrir
l'azile où ils ont caché le malheureux
Orphelin. Quoi ! répond *Gengiskan* à
Osman :

Idamé , dites-vous , attend la mort de
moi ?
Ah ! rassurez son ame , & faites-lui
connaître ,
Que ses jours sont sacrés, qu'ils sont chers
à son Maître . · ° . . .

C'en est assez , volez,

Survient *Octar* qui lui demande en
vain quels ordres il donne , sur cet
enfant des Rois qu'on dérobe à ses
coups ? *Aucun* , réplique - t'il. Eh !
peut - on dire , après cela , que cette
indécision & ces combats d'amour &
de pitié ne préparent pas bien le dé-
noûmenr , & ne laissent pas entrevoir

toute entiére la grandeur d'ame qui le produit ?

Mais y a-t'il rien de plus pathétique , Monfieur , que la maniére dont l'amour maternel eft traité dans cette Piéce ? *Idamé* femble faite pour arracher les traits des mains de la plus févére critique , & pour impofer filence à la jaloufie même. Qui ne feroit attendri de la fituation touchante où fe trouve cette Mere infortunée , forcée d'avouer , afin de fauver fon fils , tout ce qu'a fait fon Epoux pour fauver l'*Orphelin* ?

> Il a livré fon fils ; [dit-elle à *Gengiskan*]
>   la Nature outragée
> Vainement déchiroit fon ame partagée :
> Il impofoit filence à fes cris douloureux.
> Vous deviez ignorer ce facrifice affreux.
> J'ai dû plus refpecter fa fermeté févére :
> Je devois l'imiter ; mais enfin je fuis
>   Mere , &c.

. . . .

Puis s'adreffant à *Zamti :*

> Digne Epoux, digne objet de toute ma
>   tendreffe ,
> La pitié maternelle eft ma feule fai-
>   bleffe.
> Mon fort fuivra le tien : je meurs , fi
>   tu péris :
> Pardonne-moi , du moins , d'avoir fauvé ton fils,   *Zamti* ,

Zamti leur répond , en foutenant toujours fon caractére , avec toute la nobleffe & toute la dignité poffibles.

Je ne finirois point , Monfieur , fi j'entreprenois de détailler les beautés frappantes & fucceffives dont cette Tragédie eft remplie. Il me fuffira de dire que le dénoûment met le comble à toutes ; que le ftyle en eft harmonieux , poëtique & fouvent fublime , & qu'enfin cet Ouvrage , malgré quelques défauts, a peut-être toute la perfection que fon genre pouvoit comporter. On doit furtout , après l'avoir lû , admirer dans M. *de Voltaire* le talent unique de faifir le même objet fous toutes les faces & tous les points variés dont il peut être fufceptible : c'eft un talent qui n'appartient qu'à cet illuftre Auteur ; & il étoit feul capable de peindre *Mérope* & *Idamé* avec des traits fi femblables , quant au fond , & fi différens , quant au coloris & à l'expreffion.

Je fuis , Monfieur , &c.

LETTRE XVII.

Sur la Comédie de l'Ecossaise.

CEtte Piéce est tropconnue , Monsieur, pour qu'il soit nécessaire d'en faire un extrait détaillé : je me bornenerai donc à en remettre sous vos yeux une legére esquisse.

La Scène se passe dans un Caffé, où *Lindane*, (c'est ainsi que se nomme l'Ecossaise) a pris une chambre garnie afin d'y cacher l'histoire de sa vie & ses malheurs, & d'y demeurer dans l'indigence & dans l'oubli, plutôt que de commettre la moindre bassesse, pour se procurer un plus heureux sort. *Monrose* son pere, fugitif, errant, & dont la tête est mise à prix, est venu loger secrettement dans la même maison. Le Lord *Murray* éperdûment amoureux de *Lindane*, n'épargne rien pour s'en faire aimer, & pour réparer ses infortunes, ainsi que celles de toute sa famille, dont la sienne a causé les revers. Les procédés de cet Amant généreux rendent inutiles toutes les noirceurs & les calomnies d'un délateur

payé par Lady *Alton* ancienne Maîtresse
du Lord , laquelle au défespoir de s'en
voir abandonnée pour *Lindane*, n'afpi-
re qu'à se vanger. *Lindane* reconnaît
enfin son pere. *Murray* obtient la grace
de *Monrose* ; & la Piéce finit par le
Mariage du Lord & de l'*Ecoffaise*.

Voilà, Monsieur, quel est le fond
de ce Drame : tout le reste n'est qu'ac-
cessoire ; mais l'Auteur a su lier le tout
avec tant d'habileté , qu'il en a formé
l'ensemble le plus parfait & le plus sa-
tisfaisant. Le sérieux, le plaisant , le
tendre & le pathétique, tout s'y trouve. Des Scènes très-comiques y sont
mêlées aux situations les plus intéressantes ; & cet heureux mélange présente un tableau naturel de la vie ordinaire. Il est, en effet, très-commun ,
de voir, dans une famille, la joye &
la tristesse , l'espérance & la crainte,
les succès & les infortunes se succéder
rapidement les uns aux autres. Les an-
ciens ont connu ce passage du rire à
l'attendrissement qui est peut-être le
comble de l'art ; l'*Andrienne* de *Térence*
en est une preuve ; mais peu d'Auteurs
modernes ont su en faire usage ; &
ce talent sembloit être encore réservé à
M. *de Voltaire.*

Le grand mérite de l'*Ecoſſaiſe*, Monſieur, eſt que la vertu malheureuſe y
paraît dans tout ſon luſtre, & le vice,
dans toute ſa difformité. Tous les caractéres de cette Piéce ſont variés; &
cependant ils ſont tous vrais & dans
la Nature, ſans en excepter même celui de *Fréeport*; il eſt unique dans ſon
genre : rien n'eſt plus frappant que la
naïveté groſſiére, les maniéres bruſ-
ques, & les actes de la plus touchante
humanité, que fait ce *Fréeport* : en un
mot, je ne connais point de rôle qui
produiſe plus d'effet au Théâtre. Le
Perſonnage qui plaît le moins eſt celui de *Waſp* ; il eſt plus révoltant que
comique, & il ſeroit à ſouhaiter que
la Piéce eût pû s'en paſſer. A cela près,
elle eſt excellente : l'action en eſt très-
bien conduite ; les événemens y ſont
bien diſpoſés & bien amenés : tout y
eſt dialogué ſupérieurement & avec le
ton convenable à chaque ſituation : enfin l'expoſition, le nœud & le dénoûment en ſont admirables. Je ne parle
point du ſtyle : perſonne n'ignore, avec
quelle pureté, quelle élégance, quel
agrément, quelle préciſion, M. *de Voltaire* écrit en proſe ; & tous ces avantages ſe trouvent réunis dans la diction

de l'*Ecossaise.* Jugez-en , Monsieur ,
par ce fragment de la derniére Scène.

>> Le Lord MURRAY.

>> (*Recevant un rouleau de parchemin*
>> *de la main de ses gens.*)

>> Ah ! je le tiens enfin , ce gage de
>> mon bonheur. Soyez béni , ô Ciel
>> qui m'avez secondé !

>> FRÉEPORT.

>> Quoi ! verrai-je toujours ce mau-
>> dit Milord ! que cet homme me
>> choque avec ses graces ?

>> MONROSE.

(>> *A sa fille tandis que* MURRAY
>> *parle à son Domestique.*)

>> Quel est cet Homme , ma Fille ?

>> LINDANE.

>> Mon Pere , c'est.... ô Ciel ! ayez
pitié de nous.

>> FABRICE. (*le Maître du Caffé.*)

>> Monsieur , c'est Milord *Murray* ,
>> le plus galant homme de la Cour ,
>> le plus généreux.

» M O N R O S E.

» *Murray!* Grand Dieu! mon fa-
» tal Ennemi, qui vient encore inful-
» ter à tant de malheurs : (*il tire fon*
» *épée.*) Il aura le refte de ma vie,
» ou moi, la fienne.

» L I N D A N E.

» Que faites-vous, mon Pere? Ar-
» rêtez.

» M O N R O S E.

» Cruelle Fille ! eft-ce ainfi que
» vous me trahiffez ?

» Le Lord M U R R A Y.

» (*Toujours au fond du Théâtre, à*
Monrofe.)

» Vous êtes le Pere de cette ref-
» pectable perfonne, n'eft-il pas vrai ?

» L I N D A N E.

» Je me meurs.

» M O N R O S E.

» Oui, puifque tu le fais, je ne le
» défavoue pas : viens, Fils cruel d'un
» Pere cruel; achéve de te baigner dans
» mon fang.

» FABRICE.

» Monfieur !

» MURRAY.

» Ne l'arrêtez pas ; j'ai dequoi le
» défarmer. (*Il tire fon epée.*)

» LINDANE.

» (*Entre les bras de fa Suivante.*)

» Cruel ! vous oferiez !

» MURRAY.

» Oui, j'ofe .... Pere de la vertueu-
» fe *Lindane ,* je fuis le Fils de votre
» Ennemi. (*Il jette fon épée.*) C'eft
» ainfi que je me bats contre vous.

» FRÉEPORT.

» En voici bien d'un autre.

» MURRAY.

» Percez mon cœur d'une main ;
» mais, de l'autre, prenez cet écrit,
» lifez, & connaiffez-moi. (*Il donne*
» *le rouleau.*)

» MONROSE.

» Que vois-je ? ma grace ! le réta-

» bliffement de ma Maifon ! ô Ciel !
» & c'eft à vous, *Murray*, que je dois
» tout ? Ah ! mon bienfaiteur ! . . . (*Il*
» *fe jette à fes pieds.*)

» L I N D A N E.

» Ah ! que je fuis heureufe ! mon
» Amant eft digne de moi.

Que j'aime encore la façon dont
Fréeport termine cette Piéce, une des
meilleures qui foient reftées au Théâtre ! « Mon Ami, dit-il à *Fabrice*, je
» me doutois bien que cette Demoi-
» felle n'étoit pas faite pour moi ;
» mais, après tout, elle eft tombée
» en bonne main, & cela fait plaifir.

Je fuis, Monfieur, &c.

L E T T R E XVIII.

Sur la Tragédie de Tancréde.

M. de *Voltaire* a hazardé, Monfieur, dans la Tragédie de *Tancréde*,
des nouveautés heureufes, & qui ont
été couronnées par le fuccès le plus
complet & le mieux mérité. Vous n'e-

xigez pas , fans doute , que je trace ici
le plan d'une Piéce que l'on joue fi
fouvent & qu'on revoit toujours avec
le même plaifir : il me fuffira , pour
remplir le but que je me fuis propofé ,
de vous communiquer quelques refléxions fur les legers défauts & les grandes beautés de ce Drame.

Des Critiques ont prétendu que l'unité de lieu n'y étoit pas obfervée , parce que la Scène , qui eft à *Siracufe* ,
après s'être paffée dans le Palais d'*Argire* , & dans une Salle du Confeil ,
fe paffe enfuite dans la Place publique.
Je ne fais fi ce reproche eft bien fondé , Monfieur , & s'il n'eft pas permis
à un Auteür , tel que M. *de Voltaire* ,
de s'écarter quelquefois des régles
ordinaires , pourvû qu'il ne choque
point la vraifemblance ? C'eft ce qu'il
a fagemenr pratiqué dans cette Tragédie qui n'eft autre chofe qu'un magnifique & fidèle tableau des mœurs
& des coutumes de l'ancienne Chevalerie. Les couleurs en font fi vraies ,
& le *Coftume* fi régulier , qu'en la
voyant repréfenter , on fe croit tranfporté dans les tems qui ont fervi d'époque à l'action que le Peintre a mife
fous nos yeux.

Le premier acte de *Tancréde* est très-beau : l'exposition en est claire ; les Personnages y sont bien annoncés, les sentimens bien exprimés, & le style soutenu : tout le monde a admiré & retenu ces Vers simples & nobles à la fois :

A l'infidélité l'indulgence encourage.

C'est peu d'être un Guerrier : La mo-deste douceur
Donne un prix aux vertus , & sied à la valeur.

La bouche obéit mal , lorsque le cœur murmure.

Le second acte est le plus faible. *Amé-naïde* , soupçonnée d'avoir trahi l'Etat, pour avoir voulu faire parvenir à *Tan-créde* un billet que l'on croit adressé à *Solamir* l'Ennemi de la République , y est condamnée à la mort avec trop de précipitation ; mais ce défaut même est racheté par de véritables beautés. *Aménaïde* paraît enchaînée sur la Scè-ne : *Orbassan* , qui lui est destiné pour Epoux, l'instruit de son sort, & lui offre de se déclarer son Chevalier , suivant l'usage du Pays. Voici la belle répon-se qu'elle fait à cette offre :

Dans l'abîme effroyable où je suis des-
    cendue ,

A peine avec horreur à moi-même ren-
    due ,

Cet effort généreux , que je n'attendois
    pas ,

Porte le dernier coup à mon ame éper-
    due ,

Et me plonge au tombeau qui s'ouvroit
    fous mes pas.

Vous me forcez , Seigneur , à la recon-
    naiſſance ;

Et tout près du Sépulcre où l'on va
    m'enfermer ,

Mon dernier ſentiment eſt de vous eſti-
    mer.

    Connaiſſez-moi : ſachez que mon cœur
      vous offenſe ;

Mais je n'ai point trahi ma gloire & mon
    Pays :

Je ne vous trahis point ; je n'avois rien
    promis.

Mon ame envers la vôtre eſt aſſez cri-
    minelle :

Sachez qu'elle eſt ingrate , & non pas
    infidelle.

Je ne peux vous aimer ; je ne peux à
    ce prix ,

Accepter un combat pour ma cauſe
    entrepris.

Je ſais de votre loi la dureté barbare ,

Celle de mes Tirans , le ſort qu'on me
    prépare.

Je ne me vante point du faſtueux effort

De voir , ſans m'allarmer , les apprêts
    de ma mort.

Je regrette la vie ; elle dut m'être chére :

Je pleure mon deftin ; je gémis fur mon
    Pere :

Mais, malgré ma faibleffe & malgré mon
    effroi ,

Je ne peux vous tromper ; n'attendez
    rien de moi.

Je vous parais coupable , après un tel
    outrage ;

Mais ce cœur, croyez-moi , le feroit
    davantage ,

Si jufqu'à vous complaire il pouvoit
    s'oublier.

Je ne veux, (pardonnez à ce trifte lan-
    gage ,)

De vous, pour mon Epoux, ni pour
    mon Chevalier.

J'ai prononcé ; jugez , & vangez votre
    offenfe.

Orbaffan fort auffi étonné que furieux. *Aménaïde* foutient toujours fon
caractére. Il ne tiendroit qu'à elle de fe
juftifier ; un mot fuffiroit pour cela ;
mais cette Amante courageufe craint
d'expofer *Tancréde* ; il ne lui eft point
honteux de périr pour cet illuftre prof-
crit, & la mort lui en paraît moins
cruelle. Avec quelle énergie n'exprime-
t'elle pas l'amour qu'elle a pour lui ?
Je ne fais , dit-elle, en un endroit de
cet acte :

. . . . . : Si mon cœur eft trop plein de
    fes feux :

Trop de prévention peut-être me po-
féde ;

Mais je ne puis fouffrir ce qui n'eft pas
Tancréde.

La foule des Humains n'exifte point
pour moi.

L'intérêt augmente, au troifiéme
acte, l'un des meilleurs qui foient au
Théâtre. C'eft, dans cet acte, qu'*A-
ménaïde ,* en allant au fupplice, adreffe
aux Chevaliers & au Peuple, le difcours fuivant, où la beauté des Vers
répond à celle de la fituation :

O juftice fuprême !
Toi qui vois le paffé, le préfent, l'a-
venir ,
Tu lis feule en mon cœur ; toi feule es
équitable !
Des profanes Humains la foule impi-
toyable
Parle & juge en aveugle, & condamne
au hazard;
Chevaliers, Citoyens, vous qui tous
avez part
Au fanguinaire Arrêt porté contre ma
vie ,
Ce n'eft pas devant vous que je me
juftifie :
Que ce Ciel qui m'entend, juge entre
vous & moi.
Organes odieux d'un jugement inique ,
Oui, je vous outrageois , j'ai trahi vo-
tre loi;
Je l'avois en horreur ; elle étoit tiran-
nique.

Citoyens, si la mort est due à mon
　　offense,
Frappez, mais écoutez : sachez tout mon
　　malheur.
Qui va répondre à Dieu, parle aux hom-
　　mes sans peur.

Ce dernier Vers est sublime, & il
n'est pas le seul de cette espéce que l'on
trouve dans cette Tragédie.

Le quatriéme acte n'est pas moins
admirable que le précédent : toutes les
Scènes en sont bien faites & bien dialoguées ; surtout la quatriéme, entre
Tancréde & son *Amante.* Celui-ci,
vainqueur d'*Orbassan*, a refusé de dire
son nom aux Chevaliers qui ont été
témoins de sa Victoire. Tous le prient
de se mettre à la tête de l'Armée contre *Solamir* : il y consent ; & désespéré de l'infidélité dont il croit son
Amante coupable, il se détermine,
sans vouloir se faire connaître à aller
chercher la mort dans les combats. En
ce moment, arrive précipitamment
Aménaïde qui lui dit, en se jettant à
ses pieds :

　　　　　　. O mon Dieu tutelaire ,
　Maître de mon destin, j'embrasse vos
　　genoux.
(*TANCREDE la reléve, mais en se détournant.*)

Ce n'eſt point m'abaiſſer, & mon mal-
    heureux Pere,
A vos pieds, comme moi, va tomber
    devant vous.
Pourquoi nous dérober votre auguſte
    préſence?
Qui pourra condamner ma juſte impa-
    tience ?
Je m'arrache à ſes bras ; mais ne puis-
    je, Seigneur,
Me permettre ma joye, & montrer
    tout mon cœur?
Je n'oſe vous nommer, & vous baiſ-
    ſez la vue :
Ne puis-je vous revoir, en cet affreux
    ſéjour,
Qu'au milieu des bourreaux qui m'ar-
    rachoient le jour ?
Vous êtes conſterné ; mon ame eſt con-
    fondue :
Je crains de vous parler ; quelle con-
    trainte, hélas !
Vous détournez les yeux ; vous ne m'é-
    coutez pas !

TANCREDE.
(*d'une voix entrecoupée.*)

Retournez, conſolez ce Vieillard que
    j'honore :
D'autres ſoins plus preſſans me rappel-
    lent encore :
Envers vous, envers lui j'ai rempli mon
    devoir :
J'en ai reçu le prix ; je n'ai point d'au-
    tre eſpoir.
Trop de reconnaiſſance eſt un fardeau
    peut-être :

Mon cœur vous en dégage , & le vôtre
eſt le Maître
De pouvoir à ſon gré, diſpoſer de ſon
ſort :
Vivez heureuſe. . . . Et moi , je vais
chercher la mort.

Jugez , Monſieur , de la ſurpriſe &
de la conſternation où ces paroles laiſ-
ſent *Aménaïde :* je connais peu de ſituations qui ſoient auſſi frappantes ; &
c'eſt avec raiſon que pluſieurs perſonnes regardent cette courte Scêne comme un des plus rares efforts de l'art Dramatique.

Le cinquième acte eſt le triomphe
du ſentiment, de l'intérêt , & du pathétique : le dénoûment eſt un coup de
Maître ; il n'en eſt guéres de plus tragique , & de plus touchant. Il faudroit
copier ce cinquiéme acte tout entier,
pour en détailler les beautés.

Il eſt étonnant, qu'après tant de
Chefs-d'œuvres , M. *de Voltaire* ait pû
compoſer , à ſon âge , une Tragédie
auſſi belle , & dont les principaux caractéres ſont peints avec tant de force :
celui de *Tancréde* eſt rempli de grandeur & de franchiſe ; & celui d'*Aménaïde* eſt auſſi neuf qu'intéreſſant.

Je ne dirai qu'un mot , Monſieur ,

de la verſification de cette Piéce : M. *de Voltaire* y a employé les rimes croiſées ; & cette ſorte de Vers en a fait paraître le ſtyle moins harmonieux que celui de ſes autres Tragédies. Je crois devoir, en effet, attribuer à ce genre d'écrire, une certaine langueur, que la liberté de redoubler les rimes a, de tems en tems, introduite dans la verſification de *Tancréde* ; mais, quoiqu'il s'y trouve quelques longueurs & quelques Vers de rempliſſage qui la déparent un peu ; l'on ne ſauroit cependant diſconvenir, qu'en général, ce Drame ne ſoit bien écrit, ainſi que vous l'avez dû voir par les différents morceaux que j'en ai cités : ils ſont pleins de Poëſie ; & l'on y retrouve très-ſouvent le brillant coloris de l'éloquent Auteur de *Zaïre*, d'*Alzire*, de *Mérope*, & de *Sémiramis*.

Je ſuis, Monſieur, &c.

LETTRE XIX.

Sur la Tragédie de Zulime.

Quoique cette Tragédie eût déjà paru, Monſieur, avec quelque ſuccès, en 1740, M. *de Voltaire*, jugeant à propos d'y faire des corrections, la retira, & ne la fit point imprimer. D'autres objets l'en détournerent ; & peutêtre même n'eût-il plus fongé à nous redonner *Zulimé*, s'il n'en avoit paru, en 1761, une Edition furtive, remplie de fautes groffiéres, & tellement défigurée, qu'il s'y trouvoit plus de trois cens Vers qui n'étoient pas de l'Auteur.

C'eft là vraifemblablement ce qui détermina M. *de Voltaire* à remettre alors cette Piéce au Théâtre, avec les corrections qu'il y avoit faites : elle fut reçue avec beaucoup d'applaudiffement, & eut, de fuite, neuf ou dix repréfentations affez nombreufes. Son fuccès ne fut cependant pas auffi brillant que l'avoit été celui de la plûpart des autres Tragédies du même Auteur. Voici quel eft, en abregé, le plan de ce Drame.

La Scène fe paffe en Afrique. Un Prince Efpagnol, appellé *Ramire*, eft fait Prifonnier par *Bénaffar* Roi de *Trémizéne*. *Zulime*, fille de ce *Bénaffar* devient amoureufe de *Ramire* ; mais celui-ci, dans fa prifon, a époufé fecrettement *Atide* auffi Prifonniére & Princeffe de fon Sang.

Zulime, qu'un Esclave nommé *Ida-more* a flatté de l'amour de *Ramire*, se détermine à délivrer les Prisonniers & à suivre *Ramire* en Espagne. Ils arrivent tous à *Arsénie*, Ville frontiére du Royaume de *Bénassar.* Ce Roi les y poursuit ; & c'est-là que commence la Piéce. *Zulime* confie la violence de son amour à *Atide* ; elle veut même qu'elle engage *Ramire* à y répondre, & à lui donner la main. *Bénassar* reproche à sa fille les égaremens de sa conduite ; & lui ordonne de le suivre. *Ramire*, de son côté, élude une réponse décisive vis-à-vis de *Zulime* : celle-ci apprend bien-tôt, qu'il aime *Atide*, & qu'il en est aimé : à cette nouvelle, *Zulime* s'abandonne à toutes les fureurs de la jalousie, & dans les premiers transports de sa colére, elle veut faire perir ces deux Amans. *Atide*, pour l'appaiser, consent de lui céder *Ramire*, quoiqu'il soit son Epoux. Ce consentement produit une Scène attendrissante entre les deux Rivales. Cependant, la Victoire s'est déclarée en faveur de *Bénassar* & *Ramire* est retombé entre ses mains : enfin ce même *Ramire* enchaîné, *Atide* & *Zulime* paraissent tous ensemble devant *Bé-*

naſſar, & ce Vieillard généreux pardonne à *Ramire* & à *Zulime*, à condition qu'ils s'épouſent : *Zulime* croit
être au comble de ſes vœux, lorſque
Ramire avoue à ſon Pere, qu'il ne peut
profiter, à ce prix, de la grace qu'on
lui offre, étant marié en ſecret, avec
Atide. Celle-ci veut ſe tuer ; mais *Ramire* lui arrache le poignard, dont *Zulime* s'étant ſaiſie, à ſon tour, ſe punit
de ſon injuſtice, en ſe tuant elle-même. Ainſi finit la Piéce.

Il eſt aiſé de voir, Monſieur, que
cette *Atide*, Rivale Confidente de
Zulime, eſt une imitation un peu trop
marquée de *Phédre* dans *Ariane*, de la
Ducheſſe d'*Irton* dans le *Comte d'Eſſex* ;
& plus encore, d'*Atalide*, dans *Baja-
zet* : *Zulime* a auſſi des traits de reſſem-
blance avec *Roxane* ; mais malheureu-
ſement, dans la Tragédie de *Zulime*,
il n'y a point d'*Acomat* : je ne puis
pourtant m'empêcher d'obſerver que,
quoique ce fameux Perſonnage d'*A-
comat*, donne, ſans contredit, à la
Tragédie de *Racine*, la ſupériorité ſur
celle de M. *de Voltaire* ; le rôle de *Zulime* me paraît du moins l'emporter
ſur celui de *Roxane*, Amante plus
cruelle que ſenſible. J'avouerai, avec

la même fincérité, que prefque tous
les autres Perfonnages de la Tragédie
de *Zulime*, & particuliérement celui
de *Ramire*, font faibles & médiocres;
j'en excepte feulement le rôle de *Bénaffar*, en qui l'on voit avec fatisfaction la tendreffe paternelle triompher
du courroux le plus jufte; la nouveauté de ce rôle en augmente encore l'intérêt. Quant à la contéxture de cette
Piéce, elle n'eft pas fans défauts : elle
a furtout celui d'être obfcure, embar-
raffée, & monotone; tout y eft amour,
& cet amour n'y eft pas toujours traité avec les précautions qu'exige l'art
Dramatique. Je crois cependant cette
Tragédie très-digne de refter au Théâtre; & je fuis perfuadé, Monfieur,
qu'on l'y reverra toujours avec plaifir,
lorfqu'elle fera bien jouée; car il y régne
un intérêt affez foutenu : les faibleffes
de l'Amour y font fouvent peintes avec
chaleur : la diction, d'ailleurs, en eft
élégante, correcte, harmonieufe; & l'on
y trouve plufieurs morceaux remplis
d'énergie, de fentiment & de délica-
teffe. En voici quelques exemples : le
premier eft tiré de la troifiéme Scène
du premier acte entre *Zulime & Ramire :*

RAMIRE.

Madame, enfin des Cieux la clémence
  suprême
Semble en notre deffense agir comme
  vous-même ;
Et les Mers & les Vents fecondant
  vos bontés
Vont nous conduire aux bords fi long-
  tems fouhaités.
Valence, de ma Race autrefois l'héri-
  tage,
A vos pieds plus qu'aux miens portera
  fon hommage.
Madame, *Atide* & moi, libres par vos
  fecours,
Nous fommes vos Sujets ; nous le fe-
  rons toujours.
Quoi ! vos yeux à ma voix répondent
  par des larmes !

ZULIME.

Eh ! pouvez-vous penfer que je fois fans
  allarmes ?
L'Amour veut que je parte ; il lui faut
  obéir.
Vous favez qui je quitte, & qui j'ai pu
  trahir :
J'ai mis entre vos mains, ma fortune, ma vie,
Ma gloire encor plus chére, & que je
  facrifie.
Je dépends de vous feul... ah ! Prince, avant ce jour,
Plus d'un cœur a gémi d'écouter trop
  d'amour :
Plus d'une Amante, hélas ! cruelle-
  ment féduite

A pleuré vainement sa faibleſſe & ſa
fuite.

R A M I R E.

Je ne condamne point de ſi juſtes terreurs.

Vous faites tout pour nous , oui , Madame ; & nos cœurs

N'ont , pour vous raſſurer dans votre
défiance ,

Qu'un hommage inutile , & beaucoup
d'eſpérance.

Eſclave auprès de vous , mes yeux à
peine ouverts

Ont connu vos grandeurs , ma miſére
& des fers :

Mais j'atteſte le Dieu qui ſoutient mon
courage ,

Et qui donne à ſon gré , l'Empire &
l'eſclavage ,

Que ma reconnaiſſance & mes enga-
gemens. . . .

Z U L I M E.

Pour me prouver vos feux , vous faut-
il des ſermens ?

En ai-je demandé , quand cette main
tremblante

A détourné la mort à vos regards pré-
ſente ?

Si mon ame aux frayeurs ſe peut aban-
donner ,

Je ne crains que mon ſort ; puis-je vous
ſoupçonner ?

Ah ! les ſermens ſont faits pour un
cœur qui peut feindre.

Si j'en avois befoin , nous ferions trop
à plaindre.

RAMIRE.

Que mes jours immolés à votre fûreté...

ZULIME.

Confervez-les , cher Prince; ils m'ont
aflez coûté , &c.

Dans la derniére Scène du fecond
acte , *Zulime* dit , après avoir effuyé,
de la part de fon Pere , les reproches'
les plus forts :

> Seigneur ! . . . ah cher Auteur
> de mes coupables jours !
> Voilà quel eft le fruit de mes triftes
> amours !
> Dieu, qui l'as entendu, Dieu puiffant
> que j'irrite ,
> Aurois-tu confirmé l'arrêt que je mé-
> rite ?
> La mort & les Enfers paraiffent de-
> vant moi.
> *Ramire*, avec plaifir, j'y defcendrois pour
> toi.
> Tu me plaindras fans doute . . . ah !
> paffion funefte !
> Quoi ! les larmes d'un Pere, & le cou-
> roux celefte ;
> Les malédictions prêtes à m'accabler,
> Tout irrite les feux dont je me fens
> brûler !
> Dieu, je me livre à toi; fi tu veux
> que j'expire ,

Frappe

Frappe ; mais réponds-moi des larmes de *Ramire*.

Elle dit encore, au quatriéme acte, en parlant de *Ramire*, dont elle a appris la trahison :

. . . . Un Dieu barbare affemble dans mon cœur
L'excès de la faibleffe & celui de l'hor‑
reur.
C'eft en vain que j'ai crû triompher de moi-même :
Je détefte mon crime, & je fens que je l'aime.
Je n'y réfifte plus : ce poifon détefté,
Par mes tremblantes mains aujourd'hui rejetté ;
De toutes fes fureurs m'embrâfe & me déchire ;
Au bord de mon tombeau j'idolâtre *Ramire*.
Tel eft, dans les replis de ce cœur dé‑
voré,
Ce pouvoir malheureux, de moi-même abhorré,
Que fi, pour couronner fa lâche per‑
fidie,
Ramire, en me quittant, eût demandé ma vie,
S'il m'eût aux pieds d'*Atide* immolée en fuyant,
S'il eût infulté même à mon dernier mo‑
ment ;
Je l'euffe aimé toujours, & mes mains défaillantes
Auroient cherché fes mains de mon fang dégoûtantes. F,

Quoi ! c'est ainsi que j'aime, & c'est
moi qu'il trahit !

Je suis, Monsieur, &c.

LETTRE XX.

Sur la Comédie intitulée, l'Ecueil du Sage
ou le Droit du Seigneur.

ON reconnaît M. *de Voltaire*,
Monsieur, jusques dans ses moindres
productions : en voici une d'un genre
particulier, & qui, malgré ses défauts,
renferme encore des beautés peu infé-
rieures à celles qui ont fait réussir *Nanine* & l'*Enfant Prodigue*. Cette Piéce,
qui a été jouée avec succès, est intitulée ; l'*Ecueil du Sage* ou *le Droit du
Seigneur*. Comme le plan en est un peu
compliqué, je vais tâcher de vous en
tracer un précis exact & fidèle.

Un grand Seigneur nommé le Mar-
quis *de Carrage* (c'est le *Sage* de la Piéce)
est attendu dans une de ses Terres en Pi-
cardie avec un de ses Cousins, pour assis-
ter à la nôce d'*Acante* crüe fille d'un
de ses Vassaux. Le Bailli du lieu re-

tarde cette nôce, pour que M. le Marquis jouiffe du *Droit du Seigneur*, lequel confifte en un entretien d'un quart-d'heure, tête à tête avec la Fiancée.

La premiére Scène eft entre *Colette* & le Bailli. Celle-ci fe plaint de l'inconftance de *Mathurin* qui lui eft infidele, & lui préfére *Acante*. Le Bailli lui dit de déclarer les droits qu'elle peut avoir fur le cœur du perfide. Arrivent *Acante* & *Dignant* fon prétendu Pere, avec *Berthe*, femme en feconde nôces de ce Vieillard, & *Mathurin*. On apprend qu'*Acante* n'aime point l'Epoux qu'on lui déftine, & que cette Fille s'eft formé l'efprit & le cœur dans la lecture des Romans, dont elle parle plufieurs fois, pendant le cours de la Piéce. Au fecond acte, *Colette* réitére fes plaintes, devant le Bailli, contre *Mathurin*, au mariage duquel elle s'oppofe ; mais comme ce Juge n'y voit rien qui autorife l'oppofition de *Colette*, il la *déboute* de fa demande : cette Scène eft fort plaifante par les propos du Bailli & de *Colette* qui regarde comme une très-grande injure d'être *déboutée*, faute de connaître ce terme de chicane, qui fe trouve un peu trop fouvent répété dans la

Piéce. Le Coufin du Marquis appellé le Chevalier *de Gernance* arrive avant ce Seigneur, afin d'avoir le tems d'enlever *Acante*, dès qu'il en trouvera l'occafion. On voit enfin au troifiéme acte, après un changement de décoration, paraître le Marquis avec le Chevalier avec fon Coufin, auquel ce Seigneur, Philofophe aimable, fait une très-belle defcription du plaifir de vivre à la Campagne. La nôce vient au Château. Le Bailli complimente Monfeigneur : tout le monde fe retire : il ne refte qu'*Acante* & *Dignant* : ce Vieillard lui donne des papiers, afin qu'elle les remette à Monfeigneur : enfuite il s'en va. C'eft ici la plus belle Scène : tout refpire, dans cet entretien, la vertu, & la décence. M. le Marquis, pour jouir de fon droit, fe met dans un Fauteuil à fix pas de la Fiancée. Il reçoit d'elle les papiers, & les met dans fa poche, fans les regarder, en difant que c'eft apparemment un Etat de fes Forêts. La converfation continue. *Acante* avoue fon extrême répugnance pour *Mathurin*, & fe jette aux pieds du Marquis, pour réclamer fa protection contre ce mariage. Cette démarche touche M. le Marquis, qui charmé de

l'efprit , de l'air honnête , & des fentimens élevés d'*Acante* , peu à peu s'en-
flâme , gagne du terrein , & fe trouve
tout près d'elle , lorfque *Mathurin* entre précipitamment avec le Bailli ,
voyant le quart-d'heure expiré. Monfeigneur fort fort agité , en ordonnant
au Bailli de reconduire *Acante* chez
fes parens. Au quatriéme acte , cette
Acante eft enlevée par le Chevalier
Gernance , & conduite dans un Villa-
ge voifin , chez une Madame *Dorméne* qui vit avec une autre femme nommée *Laure* , dans une extrême mi-
fére : cette *Laure* avoit été autrefois
Maîtreffe du Pere de *Gernance* qui
avoit contracté enfuite avec elle un mariage que les parens du Marquis avoient
fait caffer. L'enlévement d'*Acante* met
ce Seigneur dans la plus grande colére : il commande à fes gens de courir
après , & accufe le prétendu Pere d'*A-
cante* d'être infenfible à cette avanture :
celui-ci lui dit qu'il n'eft point fon Pere , ainfi qu'il l'a dû voir par les papiers qu'*Acante* lui a remis : le Marquis lui répond , qu'il ne les a point
lûs : il les lit donc ; & il y voit qu'*A-
cante* eft fille de cette même *Laure* &
du Pere de *Gernance* , par conféquent
F iij

ſœur du Chevalier. Voilà, de la part de ce dernier, un amour inceſtueux bien tragique pour une Comédie : mais, heureuſement *Mathurin* vient apprendre, que la Fiancée eſt revenue, *peut-être un peu tard*, ajoute-t'il. *Dorméne*, qui paraît pour la premiére fois, vient ſe plaindre au Marquis, de ce que le Chevalier a eu l'audace de choiſir ſa maiſon pour l'azile de ſon crime : le Marquis, après l'avoir inſtruit qu'*Acante* eſt la ſœur de ce petit libertin, la prie de ſe retirer, en le voyant arriver : celui-ci pénétré de repentir & accablé de remords ſe jette aux pieds de ſou Couſin auquel il fait l'éloge de la vertu d'*Acante* : le Marquis, après lui avoir dit, qu'il ne connaît pas encore toute l'horreur de ſon crime, lui remet les papiers, & lui ordonne de les aller lire dans le jardin, pendant qu'il va ſe diſſiper lui-même, par un tour de promenade. Le cinquiéme acte s'ouvre par une Scène entre *Colette* & *Acante* : la premiére dit d'abord à ſon amie, que, ſi elle aime les Romans, ſon avanture a dequoi l'amuſer. Le Chevalier ſurvient & ſollicite ſa grace auprès d'*Acante*, qui ne le reconnaît point encore pour ſon frere : mais bien-tôt l'ar-

rivée du Marquis , qui renvoye *Colet-*
te, & l'apparition de Madame *Dormé-*
ne , aménent cette reconnaiſſance. Le
Marquis embarraſſé & plus attendri
que jamais, feint de vouloir partir, pour
éprouver *Acante*. Ce départ la déſeſpé-
re ; elle laiſſe échapper quelques pleurs :
le Marquis tombe alors à ſes pieds , &
va la demander en mariage à *Laure* ,
qui la lui accorde. Ce Seigneur engage
auſſi le Chevalier à épouſer *Dorméne* ,
qui y conſent ; & la Piéce finit.

Telle eſt la marche de cette Comédie , dont le principal défaut , comme
vous le voyez , Monſieur , eſt d'a-
voir été précédée par *Nanine* , à qui
elle reſſemble un peu trop ; elle eſt auſſi
trop chargée d'événemens romaneſ-
ques , & peu vraiſemblables. L'unité
de lieu n'y eſt pas exactement obſervée :
il y régne, d'ailleurs, un mélange de
Paſtoral , de Comique , & même de
Tragique que les perſonnes d'un goût
difficile ne ſauroient approuver. Il s'en
faut cependant bien que ce Drame ſoit
ſans mérite. La candeur & les mœurs
d'*Acante* , la généroſité du Marquis ,
& la bienfaiſance de *Dorméne* , qui a
recueilli & toujours ſecouru l'infortunée *Laure*, quoiqu'elle-même ne fût pas

riche , forment des tableaux intéres-
fans. Il y a des Scènes très-bien faites ,
des situations touchantes , une belle
morale , de beaux détails , de bonnes
plaisanteries ; enfin un style , quelquefois un peu négligé , mais en général ,
coulant , agréable & facile.

Voici , par exemple , de quelle maniére le Marquis trace au Chevalier la
satisfaction que lui fait éprouver son
retour dans sa Terre :

> Cher Chevalier , que mon cœur est en
>   paix !
> Que mes regards font ici satisfaits !
> Que ce Château qu'ont habité nos
>   Peres ,
> Que ces Forêts , ces Plaines me sont
>   chéres !
> Que je voudrois oublier pour toujours
> L'illusion , les manéges des Cours !
> Tous ces grands riens , ces pompeuses
>   chimères ,
> Ces Vanités , ces Ombres passagéres ,
> Au fond du cœur laissent un vuide
>   affreux ;
> C'est avec nous que nous sommes heu-
>   reux.
> Dans ce grand monde où chacun veut
>   paraître ,
> On est esclave ; & chez moi je suis
>   Maître.

Ce Seigneur , dans la Scène de son
tête à tête avec *Acante* , ayant félicité

cette jeune perfonne fur fon efprit, &
fes fentimens, dont il eft enchanté,
Açante lui répond :

> Ah ! que pour moi votte ame eft in-
>   dulgente !
> Comme mon fort, mon efprit eft borné:
> Moins on attend, plus on eft étonné.
> Un peu de foins peut-être & de lecture
> Ont pu dans moi corriger la nature :
> C'eft vous furtout, vous qui, dans ce
>   moment
> Formez en moi l'efprit, le fentiment,
> Qui m'élevez, qui dans moi faites naître
> L'ambition d'imiter un tel Maître.

Je finirai, Monfieur, par ces Vers
que le Marquis adreffe à Madame *Dorméne*, fur fa générofité envers la mal-
heureufe *Laure*; ils font touchans, &
renferment une leçon auffi belle que
bien exprimée.

> . . . . Vous trouvez le moyen,
> Avec fi peu, de faire encore du bien !
> Riches & Grands que le monde con-
>   temple,
> Imitez donc un fi touchant exemple !
> Nous contentons, à grands frais, nos
>   défirs :
> Sachons goûter de plus nobles plaifirs.
> Quoi ! pour aider l'amitié, la mifére,
> *Dorméne* a pu s'ôter le néceffaire !
> Et vous n'ofez donner le fuperflu !

Je fuis, &c.

LETTRE XXI ET DERNIERE.

Sur la Tragédie d'Olimpie.

M. de *Voltaire* est le seul des Auteurs, Monsieur, dont l'âge & les longs travaux n'ayent point épuisé le génie. Ce grand homme a conservé, à peu de chose près, en vieillissant, les mêmes talens qu'on admiroit en lui, lorsqu'il écrivoit *Œdipe*, *Brutus*, *Alzire*, & tant d'autres Chefs-d'œuvres. Sa Tragédie d'*Olimpie*, quoique plus faible sans doute, en est une preuve évidente : il l'a composée dans le même âge, où l'Auteur de *Cinna* & de *Polieucte* n'enfantoit plus que des *Pulchéries* & des *Agésilas*. De combien cependant, la Piéce dont il s'agit ici, n'est-elle pas supérieure à toutes les dernieres productions de *Corneille* ?

Les Remarques que M. de *Voltaire* a mises à la suite d'*Olimpie*, sont si judicieuses, Monsieur, qu'elles me dispensent d'entrer dans aucun détail, au sujet de cet Ouvrage : d'ailleurs, pour bien juger d'une Piéce de ce genre, il faut la voir représenter : elle est toute remplie de spectacles, qui produisent beaucoup d'effet, mais qui en produiroient, ce me semble, encore plus, s'ils y étoient moins prodigués. Les rôles de l'*Hiérophante*, de *Caffandre*, & d'*Olimpie*, font dignes d'éloge ; ils ont de grandes beautés, & donnent lieu à des situations aussi tragiques qu'intéressantes. Enfin, *Olimpie*, à quelques irrégularités près qu'il est facile d'appercevoir, me paraît aussi bien conduite que peut l'être une Tragédie de cette espéce : le dénoûment, surtout, en est terrible & doit toujours faire au Théâtre l'impreffion la plus forte.

Quant au style de ce Drame, j'avouerai qu'en quelques endroits, Monsieur, il se ressent un peu de la décadence d'un génie affaibli par les années : la diction en est inégale, & les Vers en font quelquefois profaïques, languiffans & incorrects ; mais il y en a un grand nombre de très-beaux : on y trouve même des Scènes entiéres parfaitement écrites, & des morceaux dont l'éloquence énergique prouve bien que la vieilleffe de M. *de Voltaire* ne reffemble point, du tout, à celle du grand *Corneille* : tels font, par exemple, ces beaux Vers de l'*Hiéro-*

phante , dans la feconde Scène du troifiéme acte :

> Me préferve le Ciel de paſſer les limites
> Que mon culte paiſible à mon zèle a
> 　prefcrites !
> Les intrigues des Cours , les cris des
> 　factions ,
> Des Humains que je fuis , les triftes paſ-
> 　fions
> N'ont point encor troublé nos retraites
> 　obſcures.
> Au Dieu que nous ſervons nous levons
> 　des mains pures.
> Les débats des grands Rois prompts à
> 　ſe diviſer
> Ne ſont connus de nous que pour les
> 　appaiſer ;
> Et nous ignorerions leurs grandeurs paſ-
> 　ſagéres ,
> Sans le fatal beſoin qu'ils ont de nos
> 　priéres.

Et ce fragment de la Scène ſuivante ,
où *Caſſandre* , après avoir reconnu en
Statira , la Veuve d'*Alexandre* & la
Mere d'*Olimpie* , dit à cette Princeſſe :

> Je me condamne encore avec plus de
> 　rigueur ,
> Mais j'aime ; mais cedez à l'amour en
> 　fureur.
> *Olimpie* eſt à moi ; je ſais quel fut ſon
> 　pere :
> Je ſuis Roi , comme lui ; j'en ai le ca-
> 　ractére :

J'en ai les droits, la force : elle eſt ma
   femme enfin;

Rien ne peut ſéparer mon ſort & ſon
   deſtin.

Ni ſes frayeurs , ni vous , ni les Dieux,
   ni mes crimes ,

Rien ne rompra jamais des nœuds ſi
   légitimes.

Le Ciel , de mes remords ne s'eſt point
   détourné;

Et puiſqu'il nous unit , il a tout par-
   donné :

Mais , ſi l'on veut m'ôter cette Epouſe
   adorée ,

Sa main qui m'appartient , ſa foi qu'elle
   a jurée ,

Il faut verſer ce ſang , il faut m'ôter ee
   cœur ,

Qui ne connaît plus qu'elle & qui vous
   fait horreur.

Vos Autels à mes yeux n'ont plus de
   privilége :

Si je fus meurtrier, je ferai ſacrilége.

J'enleverai ma femme . à ce Temple ,
   à vos bras ,

Aux Dieux même , à nos Dieux, s'ils
   ne m'exauçoient pas.

Je demande la mort , je la veux , je
   l'envie;

Mais je n'expirerai que l'Epoux d'O-
   limpie ; &c.

Je ſuis , Monſieur , &c.

ANECDOTES.

Relatives à plusieurs des Tragédies dont il est question dans les précédentes Lettres.

Sur Mariamne.

LA Tragédie de *Mariamne*, dans l'état où elle fut d'abord donnée, n'eut qu'une représentation. On prétend que, le Public se trouvant partagé sur le mérite de cette Piéce, le procès fut jugé singuliérement. Il est d'usage, qu'après une Tragédie, on représente une petite Comédie. On joua, ce jour-là, *le Deuil* : aussi-tôt quelqu'un s'écria ; *C'est le Deuil de la Piéce nouvelle.* Ce mot, qui parut plaisant, fit triompher les mécontens & décida la chûte d'une Tragédie, qui, ayant depuis été corrigée & étant admirablement écrite, eut un si grand succès.

Sur *Brutus.*

Brutus fut donné , dans le tems que les misérables Satires nommées *Calottes* étoient en vogue. Un Abbé , qui assistoit à la première représentation de cette Tragédie , se trouva placé devant une femme , aux secondes Loges : comme la décence exige que les Dames occupent les meilleures Places , le Parterre indigné de l'incivilité de M. l'Abbé , lui cria pendant un quart-d'heure , *à bas la Calotte.* Ennuié de ce bruit , celui-ci prit sa Calotte , & dit , en la jettant : *tiens , la voilà , Parterre ; tu la mérites bien.* Le mot parut extrêmement heureux ; il fut applaudi ; & l'Abbé qui l'avoit dit , fut laissé tranquille.

Sur *Zaïre.*

M. *de Voltaire* , jaloux de la perfection de ses Ouvrages , est dans l'habitude d'y faire de fréquentes corrections. *Dufresne* , qui jouoit le rôle d'*Orosmane* , dans la Tragédie de *Zaïre* , où l'Auteur corrigeoit toujours quelque chose , à chaque représentation , s'impatienta d'être obligé d'oublier tous les jours , des Vers qu'il savoit , pour en apprendre d'autres , & prit le parti de

refuſer les changemens qu'on lui offroit.
M. *de Voltaire* voyant cela, imagina
un moyen de les lui faire accepter :
inſtruit que *Dufreſne* donnoit un grand
repas, il lui envoya, ſans ſe faire connaître, un très-beau pâté. Quand on
l'ouvrit, à l'entremêts, on y trouva
des perdrix tenant en leurs becs de
petits papiers remplis de corrections
à faire. Le Comédien ſenſible, comme il devoit bien l'être, à une galanterie ſi ingénieuſe, fit tout ce que le
Poëte voulut.

Sur Mérope.

L'Auteur travaillant à cette Tragédie, éveilla, un jour, ſon Laquais à
trois heures du matin, & lui donna dès
vers, pour qu'il les portât ſur le champ,
au ſieur *Paulin* qui jouoit le rôle de
Tiran, dans cette Piéce. Le Domeſti-
que s'en excuſant, ſous prétexte que
c'étoit l'heure du ſommeil : *va, te dis-
je*, continua M. *de Voltaire ; les Tirans ne dorment jamais.*

Sur Oreſte.

Lorſque M. *de Voltaire* fut trouver
M. *de Crébillon* Cenſeur de la Police,
pour le prier d'approuver ſon *Oreſte ;*
j'ai été, Monſieur, lui dit ce dernier,

j'ai

j'ai été content du succès de mon Electre : *je souhaite que le Frere vous fasse autant d'honneur que la Sœur m'en a fait.* Jamais souhait n'a été plus parfaitement accompli.

OBSEVATION

A AJOUTER A LA LETTRE XV;

Sur le Duc de Foix.

C Ette Tragédie suffiroit pour prouver que l'Auteur du *Siége de Calais* n'a point ouvert une nouvelle carriére, (comme plusieurs personnes l'ont cru,) en puisant le fond de sa Piéce dans l'Histoire de la Nation, & en introduisant, sur notre Scène, des Héros Français. Lorsque M. *du Belloy* donna son Ouvrage, on ne se souvenoit plus, sans doute, d'avoir vû autrefois sur notre Théâtre une Tragédie d'*Anne de Bretagne*, composée par un certain M. *Ferrier*, & où cet Auteur avoit introduit des Maréchaux de France. Cette Piéce étoit justement oubliée : mais *Zaïre* & le *Duc de Foix*, avoient précédé le *Siége de Calais*, & ne seront pas oubliés, de même qu'*Anne de Bre-*

G

tagne. Quoi qu'il en foit, l'Ouvrage de M. *du Belloy* n'en eft pas moins digne d'éloge, tant par le choix du Sujet, que par le fuccès avec lequel il l'a traité. Des Spectateurs Français doivent fentir, en effet, une efpéce d'intérêt perfonnel, en voyant des Perfonnages Français. M. *du Belloy* a donc eu raifon de fe conformer, en cela, (ainfi que l'avoit fait, avant lui, l'Auteur du *Duc de Foix*) à l'ufage des Poëtes Dramatiques Grecs. Ceux-ci prenoient, dans leur propre Hiftoire, tous les Sujets de leurs Tragédies : elles étoient pleines de chofes flâteufes pour leur Nation, & d'allufions fines à la fois, & remplies de juſteſſe. *Efchile* a fait une Tragédie fur la défaite des *Perfes ; &* le génie mâle & fublime de *Sophocle* ne dédaignoit pas de flâter les *Athéniens* par des traits de louanges d'autant plus délicates qu'elles paraiffent fans deffein. C'eft ainfi que M. *de Voltaire* a dit, dans *Zaïre* :

> Lorfque des fiers Anglais la valeur menaçante,
> Cédant à nos efforts trop long-tems captivés,
> Satisfit, en tombant, aux Lis qu'ils ont bravés.

Des Chevaliers Français, tel est le caractère :
Leur Noblesse , en tout tems , me fut
utile & chére.

Et, depuis, dans le *Duc de Foix*,
dont tous les Personnages sont Français, & dont la Scène même est en
France :

Est-il quelque Français que l'Amour
avilisse ?
Amans , aimés , heureux, ils vont tous
aux combats ;
Et du sein du bonheur ils volent au
trépas ; &c.

F I N.

www.ingramcontent.com/pod-product-compliance
Lightning Source LLC
Chambersburg PA
CBHW071229260626
47162CB00004B/1487